Key Technology for Station Reconstruction and Expansion of Urban Integrated Transportation Hub

# 城市综合交通枢纽车站结构改扩建关键技术

包小华　陈湘生　崔宏志　龙根望　编著

人民交通出版社股份有限公司
北京

## 内容提要

本书主要依托深圳大运城市综合交通枢纽改扩建工程,在吸纳和总结作者团队所承担的国家重点研发计划重点专项、国家自然科学基金重大项目等课题研究成果基础上编著而成,全书共分6章,内容包括大运综合交通枢纽概况、大运综合交通枢纽设计方案、大运站改造工程实施方案、深基坑开挖与支护施工、邻近既有运营高架线深基坑开挖影响研究、基坑主动区注浆加固与结构体系转换等。

本书可供轨道交通土建工程、基础工程等专业方向的科研、设计及施工人员参考,亦可供高等院校相关专业的高年级本科生及研究生学习参考。

### 图书在版编目(CIP)数据

城市综合交通枢纽车站结构改扩建关键技术 / 包小华等编著. — 北京:人民交通出版社股份有限公司,2023.10

ISBN 978-7-114-18931-9

Ⅰ.①城… Ⅱ.①包… Ⅲ.①城市交通—交通运输中心—改建②城市交通—交通运输中心—扩建 Ⅳ.①U491.1

中国国家版本馆 CIP 数据核字(2023)第 147302 号

Chengshi Zonghe Jiaotong Shuniu Chezhan Jiegou Gai-kuo Jian Guanjian Jishu

| 书　　名: | 城市综合交通枢纽车站结构改扩建关键技术 |
| --- | --- |
| 著 作 者: | 包小华　陈湘生　崔宏志　龙根望 |
| 责任编辑: | 石　遥　刘永超 |
| 责任校对: | 孙国靖　宋佳时 |
| 责任印制: | 张　凯 |
| 出版发行: | 人民交通出版社股份有限公司 |
| 地　　址: | (100011)北京市朝阳区安定门外外馆斜街3号 |
| 网　　址: | http://www.ccpcl.com.cn |
| 销售电话: | (010)59757973 |
| 总 经 销: | 人民交通出版社股份有限公司发行部 |
| 经　　销: | 各地新华书店 |
| 印　　刷: | 北京印匠彩色印刷有限公司 |
| 开　　本: | 787×1092　1/16 |
| 印　　张: | 13.25 |
| 字　　数: | 263 千 |
| 版　　次: | 2023 年 10 月　第 1 版 |
| 印　　次: | 2023 年 10 月　第 1 次印刷 |
| 书　　号: | ISBN 978-7-114-18931-9 |
| 定　　价: | 80.00 元 |

(有印刷、装订质量问题的图书,由本公司负责调换)

《"十四五"现代综合交通运输体系发展规划》提出:到2025年,综合交通运输基本实现一体化融合发展,智能化、绿色化取得实质性突破,综合能力、服务品质、运行效率和整体效益显著提升,交通运输发展向世界一流水平迈进。综合交通枢纽是综合交通运输体系的重要组成部分,是衔接多种运输方式、辐射一定区域的客、货转运中心。促进综合交通枢纽发展是提高交通运输整体效率和降低物流成本的有效途径,是优化运输结构、实现交通运输战略转型的迫切需要,是集约利用资源、节能环保的客观要求,对解决现阶段我国综合交通枢纽规划设计不统一、运营管理不协调、方式衔接不顺畅等问题,方便广大人民群众出行和提升国家竞争力具有战略意义。

深圳是全国经济中心城市、国际化城市和粤港澳大湾区四大中心城市之一,综合交通枢纽的建设更是重中之重,早在2016年深圳市委市政府就提出"东进战略"。"东进战略"的目标是构建充满活力的世界级城市群,希望通过极点带动区域整体高质量发展。要达成这一战略目标,仅凭现有福田-罗湖中心、前海-南山-宝安中心还不够,东部必须要有一个具备强大资源集聚力、承载力、辐射力的中心功能区,而龙岗区作为"东进战略"的主战场,承担辐射粤东、粤北区域的职责,所以深圳市政府决定在龙岗区建立一个深圳东部最大的综合交通枢纽,即大运综合交通枢纽(简称"大运枢纽")。

大运枢纽体量大,地上钢结构雨棚"湾区之舞"造型复杂,该枢纽工程被业内称为"一大""二高""三难""四复杂"项目。"一大"是指大运枢纽建成后将是深圳东部最大的交通枢纽;"二高"则是源于此处邻近既有高架线,又有地铁3号线吊装,施工安全风险极高;"三难"是时间紧、协调难、设计结构难;"四复杂"则指由于大运枢纽施工时需多次进行交通疏解、迁改等,工程接口和施工技术要求复杂。此外,大运枢纽"湾区之舞"这一设计理念需要让钢结构展现双曲线异形外观结构,不仅需要在设计中提高准度,也要求在安装中控制精度,为设计及施工带来了极大的困难。综上,大运枢纽的施工难度与风险系数均居全国同类工程之最,它的建成标志着我国综合交通枢纽的改造建设技术又达到了一个新的高峰。鉴于其特殊意义,笔者将此工程的关键技术整理为本书,以期为后续我国综合交通枢纽车站结构的改造扩建提供参考。

本书以团队项目研究成果为基础整理而成,共分为6章。第1章讲述了城市综合交通枢纽改扩建工程当前的进展与存在的问题,并强调了大运枢纽工程的先进性,而后介绍了大运枢纽的工程概况和施工总体部署。第2章首先概述了大运枢纽的设计路线、原则以及标准,而后围绕围护结构、主体与附属结构以及重难点结构(大跨结构、岩溶处理)等三部分给出了统筹设计的方案,最后针对设计成果提出了风险分析及相关的监控量测、应急措施等。第3章在第2章的基础上阐述了施工部署和流程,对于项目重点工作(主桁梁吊装、屋面板施工和既有雨棚的拆除)给出了具体的施工方案,同时为保障施工的顺利完成,制定了组织、安全、应急以及质量等四个方面的保障方案。第4章介绍了大运枢纽主体车站和小里程明挖区间深基坑的工程概况和开挖方案,通过整理主体基坑的现场监测数据,探究了围护结构的变形、周边地表沉降、内支撑轴力以及高架桥桥墩沉降与时间关系的变化规律。第5章首先介绍了基坑开挖与高架桥基桩之间的相互作用原理及影响因素,分析了列车振动荷载的原理并根据该工程实际情况建立不同荷载边界条件下的轨道交通荷载模型,然后选取适合的修正剑桥模型,通过固结不排水三轴剪切试验和标准固结试验测得修正剑桥模型中的三个特殊物理参数,并对主体车站深基坑开挖过程进行数值模拟分析,探究了不同列车荷载作用下围护结构的变形与内力、坑底隆起、地表沉降、支撑轴力以及高架桥基桩的变形与内力的变化规律,并将数值计算结果与实际监测结果进行了对比分析。第6章首先建立了考虑列车动载作用下无注浆加固、单排注浆加固以及双排注浆加固基坑与高架车站之间主动区域的大型三维计算模型,探究了不同注浆方案下围护结构的变形与内力、地表沉降和高架桥基桩的变形、内力以及基桩承载力的变化规律;而后介绍了同侧双基坑结构体系转换过程中的重难点以及对应的支护施工方案并建立了数值模型,分析了主体车站、交通核基坑围护结构的水平位移、坑底隆起及周边地表沉降、支撑轴力变化以及主体车站顶板、底板的变化规律。

团队相关研究得到了国家重点研发计划重点专项"城市地下空间结构韧性体系关键技术(2022YFC3800900)"、国家自然科学基金重大项目"超大城市深层地下空间韧性基础理论(52090084)"、国家自然科学基金优秀青年基金项目"岩土地震工程(52022060)"等项目的资助。感谢中铁五局集团有限公司、深圳市工勘岩土集团、深圳大学未来地下城市研究院、中国铁路设计集团有限公司等单位提供的资料和支持。此外,朱旻博士、洪成雨副教授以及吕闯为本书的撰写提供了大量帮助,苏栋教授在项目研究中给予了无私指导,在此表示衷心的感谢!

作　者

2023 年 5 月

# 第1章 大运综合交通枢纽概况 ················································· 1
1.1 城市综合交通枢纽改扩建工程概况 ······································ 1
1.2 大运综合交通枢纽的地质概况 ············································ 3
1.3 大运综合交通枢纽工程概况 ··············································· 5
1.4 大运综合交通枢纽的布局 ·················································· 7
1.5 大运综合交通枢纽的施工总体部署与重难点 ························ 11

# 第2章 大运综合交通枢纽设计方案 ·········································· 17
2.1 大运枢纽的设计路线 ······················································· 17
2.2 主要设计原则及技术标准 ················································· 21
2.3 大运枢纽的工法、支护与主体结构 ····································· 22
2.4 围护结构设计方案 ·························································· 24
2.5 主体与附属结构设计方案 ················································· 44
2.6 重难点方案介绍 ····························································· 50
2.7 风险分析及措施 ····························································· 67

# 第3章 大运站改造工程实施方案 ·············································· 75
3.1 工程概述 ······································································ 75
3.2 施工部署 ······································································ 80
3.3 施工流程 ······································································ 85
3.4 项目重点工作 ································································ 102
3.5 保障方案 ······································································ 109

# 第4章 深基坑开挖与支护施工 ················································· 115
4.1 主体车站深基坑概况 ······················································· 115
4.2 主体车站深基坑开挖方案 ················································· 116
4.3 主体车站现场监测方案与数据分析 ····································· 117
4.4 小里程明挖区间深基坑概况 ·············································· 123
4.5 小里程明挖区间深基坑开挖施工 ········································ 125

4.6 小里程明挖区间深基坑支护施工 ········································· 129

第5章 邻近既有运营高架线深基坑开挖影响研究 ··············· 133
  5.1 工况介绍 ············································································ 133
  5.2 计算模型 ············································································ 135
  5.3 主体基坑分析 ····································································· 145
  5.4 高架桥桩基础分析 ······························································ 158
  5.5 现场监测数据分析 ······························································ 164

第6章 基坑主动区注浆加固与结构体系转换 ························ 171
  6.1 邻近既有高架车站基坑开挖风险分析 ··································· 171
  6.2 桩基保护加固方案 ······························································ 172
  6.3 基坑注浆加固的数值模拟分析 ············································· 176
  6.4 紧邻双基坑结构体系转换的工程重难点及施工方案 ············· 183
  6.5 紧邻双基坑结构体系转换的计算模型 ·································· 184
  6.6 紧邻双基坑结构体系转换的计算结果及分析 ······················· 186

参考文献 ························································································· 194

# 第1章

# 大运综合交通枢纽概况

## 1.1 城市综合交通枢纽改扩建工程概况

交通枢纽是来自不同方向不同交通方式客流的转换点,以两种或两种以上的交通方式为依托,以乘客换乘行为为主导的空间与场所。综合交通枢纽在交通枢纽基本含义的基础上突出了综合体这一概念,枢纽空间不单单要满足换乘这一基本功能,还衍生出其他服务功能,比如城市功能、商业功能、广场功能、通信服务、设施服务等多种复合功能,空间形式开始趋于多样化。但目前城市综合交通枢纽还存在空间布局不合理、功能类型不完善等问题。以下以苏州火车站、上海火车南站及杭州火车东站等三个综合交通枢纽为例,分析目前综合交通枢纽改扩建工程的发展现状和面临的问题。

苏州火车站在空间布局上以铁路客站站房为主体,通过立体空间整合了复杂的交通设施。但铁路干线及复杂的城市交通道路对城市空间的分割导致铁路两侧城市空间没有很好的联系,同时铁路周边复杂的城市交通也造成了较多的城市消极空间(图1-1)。站前广场主要考虑了人流的集散,因此在城市景观的营造上有待加强。在功能类型上,苏州火车站主要还是以交通功能为主,服务于城市的商业功能较为匮乏,主要体现在北侧站前广场两侧的城市综合体。苏州火车站在客站枢纽与城市一体化发展上还有待加强,但是作为我国长三角地区重要的综合枢纽客站,有很多经验是值得我们借鉴的。

上海火车南站是我国综合交通枢纽客站建设的新阶段(图1-2)。尽管上海火车南站在立体交通组织、人车分流、商业功能的复合上有所创新,但在客站与城市的一体化设计上仍有待加强。大空间的设计理念,在突出站房主体形象的同时,也形成了站房周边较为空旷的空间形态[图1-2b)]。在营造绿色生态客站景观时,大尺度的景观空间缺乏适宜市民停留的景观活动场所。大交通的设计理念,在实现交通效率的同时,也在一定程度上不利于周边人流的抵达。

 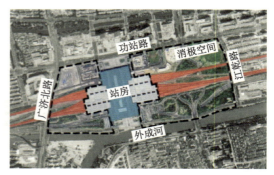

a)苏州火车站鸟瞰图　　　　　　　　　　b)苏州火车站空间布局

图 1-1　苏州火车站

 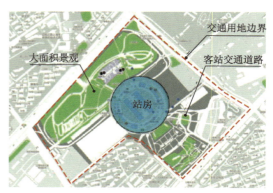

a)上海火车南站鸟瞰图　　　　　　　　　b)上海火车南站空间布局

图 1-2　上海火车南站

杭州火车东站在与城市一体化设计过程中做了有益的探索,开始关注客站与城市的协同发展(图1-3)。在功能类型上,杭州火车东站结合地下换乘大厅与站前广场地下空间设置了部分商业功能。在站前广场的处理上,尽可能多地做了城市绿化的处理。在空间流线上,较大尺度的地下换乘大厅,兼作东西广场的城市通廊,对铁路两侧的城市空间起到了一定的连接作用,这些都是客站与城市一体化设计中值得我们借鉴的一面。但在客站整体的布局和定位上,杭州火车东站依旧将客站定位为城市交通节点,因此在客站与城市的融合度上有待进一步的加强,需融入更多的城市功能以及加强客站与周边的步行交通网络,充分发挥综合交通枢纽型客站作为城市触媒对城市的促进作用。

针对上述目前综合交通枢纽在设计中存在的问题,本书以深圳大运站升级大运综合交通枢纽(简称"大运枢纽")为契机,探索了枢纽核心地区规划设计建设管理新机制,以期对我国存量开发时代下轨道枢纽地区的高品质规划建设有所启示。

a) 杭州火车东站鸟瞰实景图　　　　　　　　b) 杭州火车东站总平面图

图 1-3　杭州火车东站

## 1.2　大运综合交通枢纽的地质概况

拟建大运枢纽工程场地位于龙岗大道与龙飞大道交叉口西南侧,沿龙岗大道西侧南北向布置,邻近既有地铁3号线大运站。场地原始地貌为台地,因城市化建设,场地已经过人工改造,现状地形较为平坦,地表高程约为48.46～59.09m。场地周边建筑物较多,西北侧为大运地铁站公交接驳站,西侧为顺逸东方酒店、久泰实业有限公司,东侧为龙岗大道及大运软件小镇。深圳地铁3号线大运站及前后区间平行于大运枢纽工程,距离最近约为6m。龙岗大道及龙飞大道地下管线众多,有电力、输水、燃气和路灯等多种市政管线,对施工有较大影响,施工前应做好探测迁移工作。拟建大运枢纽工程场地如图1-4所示。

a) 镜头向南(面向小里程)　　　　　　　　b) 镜头向北(面向大里程)

图 1-4　拟建大运枢纽工程场地

场地揭露到的地层主要有第四系人工堆积层($Q^{ml}$)、第四系全新统冲洪积层($Q_4^{al+pl}$)、溶洞堆积物($Q^{pr}$)、第四系残积层($Q^{el}$)、石炭系测水组($C_1c$)炭质页岩、砂岩、灰岩、石炭系石磴子组($C_1s$)灰岩。本工程沿纵向地质差异较大,枢纽小里程段主要地层由上至下为素填土、局部粉细砂层、粉质黏土;枢纽中段地层由上至下为素填土、全风化砂岩、土状强风化砂岩、块状强风化砂岩,局部中风化砂岩凸起;枢纽大里程段地层由上至下主要为素填土、粉质黏土、微风化灰岩,其中大里程90m为岩溶强发育区。场区内地下水主要为松散岩类孔隙水、基岩裂隙水、岩溶水,地下水位埋深3.9~6.2m。车站及大小里程段地质纵剖图如图1-5所示。

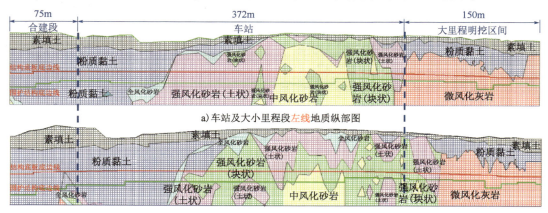

图1-5 车站及大小里程段地质纵剖图

根据区域地质资料,编号为F1261的断裂与拟建大运枢纽14号线大运站斜交于里程DK25+677m处。断裂F1261属深圳断裂束中的企岭吓-九尾岭断裂组(F1321)的分支断裂,长约10km,宽5~20m不等,走向北东50°~70°,倾向北西,倾角80°(图1-6)。断裂组具有明显的碎裂变形特征,在下石炭统测水组及下中侏罗统塘厦组砂页岩中发育了由厚大的破碎岩、构造角砾岩及硅化破碎带构成的垅岗状山脊,前期具有压扭性,后期具有张扭性。本次勘察虽未见钻孔揭露该断裂,但受断裂构造影响,拟建场地范围地层变化较大,岩芯破碎,产状紊乱。区域资料显示,该断层为非活动性断裂,现今活动量微弱,至目前尚未发现明显的应力和能量集中迹象,近期可排除突发性活动的可能性,地壳基本稳定。

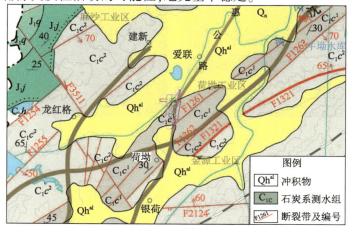

图1-6 区域构造图

## 1.3 大运综合交通枢纽工程概况

大运枢纽为既有地铁 3 号线、在建地铁 14 和 16 号线、规划地铁 33 号线四线换乘枢纽。图 1-7、图 1-8 分别为大运枢纽总平面图和大运枢纽线路平面示意图。整个大运枢纽工程包含地铁 14 和 16 号线大运站、大小里程明挖区间、交通核、既有 3 号线大运站改造工程，以及龙岗大道下沉隧道代建工程。其中，地铁 14、16 号线大运站长 372m，标准宽 64m，为地下三层双岛四线车站同台同向换乘车站。同时，为了缝合现状龙岗大道及地铁 3 号线对大运枢纽片区东西两侧地块的割裂，将龙岗大道下沉，与枢纽同期建设，西侧下沉隧道与枢纽大小里程区间及车站合建，合建段长 597m；东侧下沉隧道与附属工程合建，合建段长 320m。

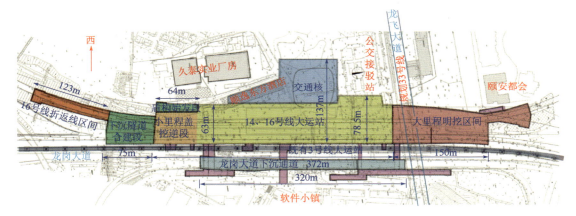

图 1-7 大运枢纽总平面图

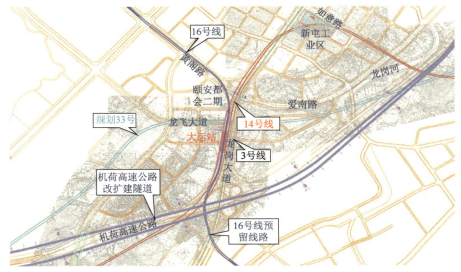

图 1-8 大运枢纽线路平面示意图

通过将周边山体绿化引入枢纽,以展现深圳东部中心良好的生态特性,重点打造龙岗大道与龙飞大道绿色城脉。多条富于活力的城市轴线连接大学园、龙岗河、神仙岭以及大运场馆、深港轨迹中心等资源,结合轨道沿线创建活力走廊,形成东部魅力中心,将大运枢纽打造成兼具"生态、生活、生产"复合功能的创意纽带。大运综合交通枢纽鸟瞰图如图1-9所示。

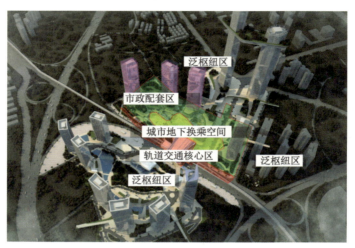

图1-9 大运综合交通枢纽鸟瞰图

大运综合交通枢纽基坑体系庞大且复杂,为保证既有地铁3号线变形可控及枢纽超大基坑开挖稳定安全,将大跨度基坑分为两阶段施工,先施工明挖顺作车站,后施工盖挖逆作换乘交通核。

大运枢纽主体基坑沿龙岗大道铺设,南北长约304.1m,东西宽约51m,开挖深度26.3~27.5m,采用明挖顺作法施工。车站范围基坑底板高程28.50m,基坑底板埋深25.6~27.5m。围护结构采用1m厚地下连续墙搭配荤素咬合桩、钻孔桩以及全荤咬合桩,共设置四道钢筋混凝土桁架支撑,采用坑内降水的方式。

交通核基坑位于大运枢纽主体车站西侧,南北宽89.9~241.9m,东西宽4.55~74.75m,面积约12766$m^2$。基坑底板高程28.5m,基坑底板埋深26.5~27m,主要位于强风化砂岩(块状)中。交通核基坑采用盖挖逆作法施工,开挖深度26.3~27.5m,围护结构采用1m厚地下连续墙,共设置四道楼板,采用坑内降水的方式。待大运枢纽主体车站顶板结构施工完成后施工交通核盖挖段顶板结构。

大运枢纽主体车站基坑与南北侧大小里程基坑均位于既有地铁3号线高架桥下方,主体车站基坑东侧紧邻既有地铁3号线大运站,其东侧围护结构与3号线桩基最近距离仅为2.1m(图1-10)。其中,3号线高架桥受力形式为简支梁方式,大运站下方立柱高7.75m,承台尺寸为5.5m×10.2m×2.5m,桩基为6根$\phi$600mm的摩擦型桩。大运站两侧的高架桥立柱高9.05m,承台尺寸为5.7m×8.2m×2.5m,桩基为6根$\phi$600mm的摩擦型桩。

既有地铁3号线车站为高架站,在建地铁14、16号线车站为地下车站,为方便三条地铁线和深大城际铁路换乘,采用地下三层、地上两层的换乘交通核作为换乘空间,可便捷有效地联络地上、地下空间(图1-11)。

图1-10　大运主体车站基坑距离既有高架车站与高架桥的现场示意图

图1-11　大运枢纽换乘交通核示意图

由于建设枢纽换乘交通核连通了地上和地下车站,因此,需要对既有地铁3号线高架车站与顶棚进行合理改造。既有地铁3号线大运站为B型车6辆编组、路中高架三层岛式车站。车站标准段外包尺寸为120m×17.7m×20.5m,10m宽无柱站台。车站中心轨面绝对高程为68.65m,车站总建筑面积为7911m²。侧站台宽度为2.9m,共2部上行扶梯、2部楼梯、1部垂梯。改扩建后的车站为三层高架一岛两侧站,车站长为120m,标准段站台宽为36.55m,高为23.5m。改造后的站台为"鱼腹式",新增东侧站台最宽处为11.00m,新增西侧站台最宽处为9.55m。总建筑面积由原来的7911m²增加至31905m²,其中新增站台及平台面积为13875m²,新建雨棚面积为16000m²,新建出入口面积为2030m²。既有车站的拆除面积为7312m²。大运枢纽"湾区之舞"顶棚设计如图1-12所示。

图1-12　大运枢纽"湾区之舞"顶棚设计

## 1.4　大运综合交通枢纽的布局

大运枢纽主要采用"地下四层+地上三层",并与周边功能开发相结合的立体建设方式。

通过贯穿各层的垂直交通核连通各条轨道线,并在二层平台和负一层位置布置东西、南北连通通道,形成立体化的交通体系。对于枢纽的交通组织和地下商业空间的一体化设计,除在中部设置垂直交通核实现人流在 14 号、16 号、33 号线快速换乘之外,通过枢纽空间的商业化营造,形成与枢纽交通组织相融合的高品质的商业空间。通过以人为本的思想,实现枢纽城市综合体与所在片区的有效融合及协同。大运枢纽竖向空间布置示意图与总体布局图如图 1-13 和图 1-14 所示。

图 1-13　大运枢纽竖向空间布置示意图

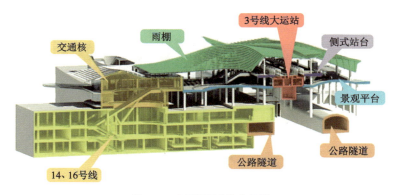

图 1-14　大运枢纽总体布局图

地上一层主要有交通核和 3 号线大运地铁站,将枢纽站与周边建筑与环境相连接(图 1-15)。地上二层主要有地铁 3 号线大运站站厅层、交通核二层、景观平台与连廊系统,通过连廊系统将大运枢纽站与周围龙岗河活力带、商业综合体、云轨站相连通,延续自然生态廊道与既有商业空间,最大化地优化枢纽站的公共交通与步行的衔接(图 1-16)。地上三层为 3 号线大运站站台层,采用侧式站台的形式,并与旁边建设的交通核相连。

图 1-15 大运枢纽地上一层示意图

图 1-16 大运枢纽地上二层示意图

地下一层有下沉广场,与大运中心场馆、商业综合体、大运软件小镇等周边建筑相连,以解决城市主干道对片区步行空间的割裂问题(图1-17)。地下二层为地铁14号线与16号线的站厅层和双向地下公路隧道,并有配套停车场供民众停车使用(图1-18)。地下三层是地铁14号线与16号线的站台层,为双岛四线车站同台同向换乘车站,并同时设置有地铁33号线站厅供人们在大运枢纽当中换乘。地下二层所配置的地下停车场在地下三层也有配置。地下四层为地铁33号线车站,采用非付费区与深圳地铁3、14、16号线换乘,同步预留未来付费区的换乘条件(图1-19)。

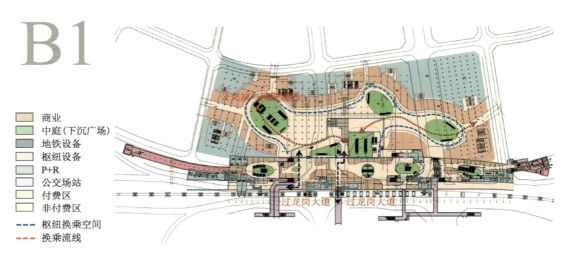

图1-17 大运综合交通枢纽地下一层示意图

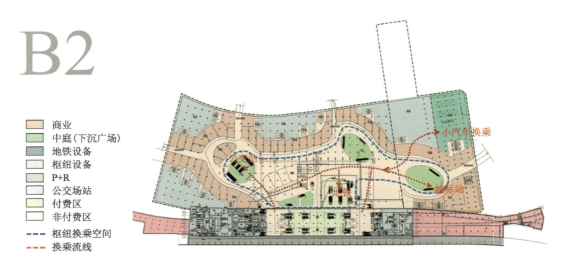

图1-18 大运综合交通枢纽地下二层示意图

第1章 大运综合交通枢纽概况

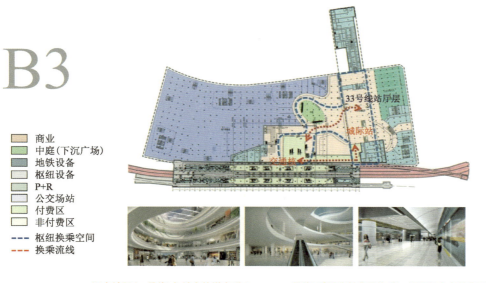

深大城际(33号线)与城市轨道交通(3、14、16号线)采用非付费区换乘,并预留未来付费区换乘条件

图 1-19 大运综合交通枢纽地下三层和地下四层示意图

## 1.5 大运综合交通枢纽的施工总体部署与重难点

大运综合交通枢纽的总体施工顺序与施工流程如图 1-20、图 1-21 所示。

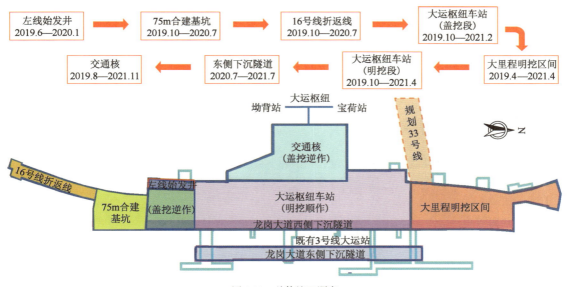

图 1-20 总体施工顺序

| 部位 | 时间 | | | | | | | | | | | | | | | | | | | | |
|---|---|---|---|---|---|---|---|---|---|---|---|---|---|---|---|---|---|---|---|---|---|
| | 2019年 | 2020年1月—2020年5月 | 2020年6月 | 2020年7月 | 2020年8月 | 2020年9月 | 2020年10月 | 2020年11月 | 2020年12月 | 2021年1月 | 2021年2月 | 2021年3月 | 2021年4月 | 2021年5月 | 2021年6月 | 2021年7月 | 2021年8月 | 2021年9月 | 2021年10月 | 2021年11月 | 2021年12月 |
| 大运车站 | 围护结构、工程桩、降水井、钢管柱 | | 逆作顶板与第一道支撑 | 基坑开挖与支撑 | | | | | | | 主体结构与支撑拆除 | | | — | | | | | | | |
| 交通核 | 围护结构 | — | 工程桩、降水井、钢管柱 | | | 顶板 | | | — | | | | | 基坑开挖与支撑及剩余主体结构 | | | | | | | |
| 东侧下沉通道 | | — | | 东侧围护结构施工 | | 东侧逆作顶板 | 西侧围护结构施工 | | 西侧逆作顶板 | | 基坑开挖与支撑 | | | 剩余主体结构与支撑拆除 | | | — | | | | |

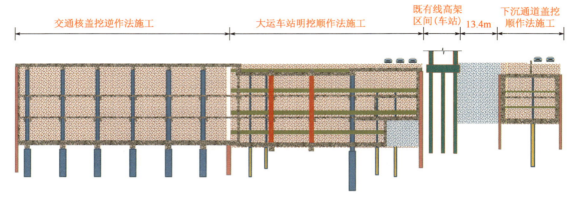

图 1-21 施工流程

为确保大运枢纽的整体工期目标,优先施工地铁 14、16 号线车站部分及大小里程区间,车站洞通时间为 2021 年 4 月 30 日,满足洞通节点要求。东侧下沉通道待车站永久铺盖完成后开始施工,主体结构完成时间为 2021 年 7 月 31 日。交通核待车站相邻部分主体结构封顶后开始施工,主体结构完成时间为 2021 年 11 月 30 日。土建主要施工节点目标如图 1-22 所示,大运站改造工期节点目标如图 1-23 所示。

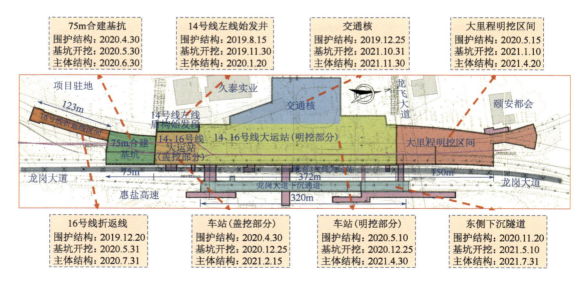

图 1-22 土建主要施工节点目标

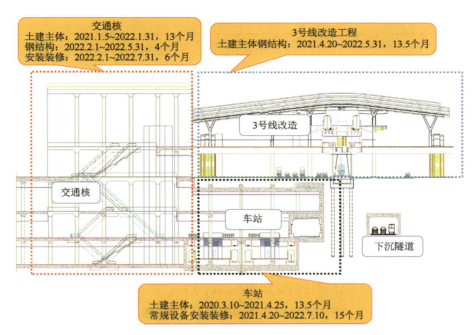

图 1-23 大运站改造工期节点目标

地铁 14、16 号线车站基坑跨度达 64m，共设四道混凝土支撑，基坑开挖及主体结构施工总工期不到 11 个月。大面积分层开挖会造成基坑大范围暴露的问题，在大跨度基坑开挖及混凝土支撑体系施工过程中，采用何种科学合理的施工方法，**确保地铁 3 号线高架线变形在可控范围内**是本工程的重难点之一。既有地铁高架结构控制标准、运营线路轨道静态尺寸容许变形值和基坑监测控制标准见表 1-1 ~ 表 1-3。

既有地铁高架结构控制标准　　　　　　　　　　　　　表 1-1

| 序号 | 变形控制指标 | 控制值 |
| --- | --- | --- |
| 1 | 桥面、桥墩结构水平位移 | ≤5mm |
| 2 | 桥面、桥墩结构竖向位移 | ≤5mm |
| 3 | 变形缝差异变形 | ≤5mm |
| 4 | 桥面、桥墩裂缝宽度 | <0.3mm |

运营线路轨道静态尺寸容许变形值　　　　　　　　　　表 1-2

| 序号 | 变形控制指标 | 控制值 |
| --- | --- | --- |
| 1 | 轨道高低、轨向变形 | <4mm/10m |
| 2 | 两轨道横向高差 | <4mm |
| 3 | 三角坑高低差 | <4mm/18m |
| 4 | 扭曲变形 | <4mm/6.25m |
| 5 | 轨距 | +3mm，-2mm |
| 6 | 道床脱空量 | ≤5mm |

基坑监测控制标准　　　　　　　　表1-3

| 序号 | 变形控制指标 | 控制值 |
| --- | --- | --- |
| 1 | 地表沉降 | ≤40mm |
| 2 | 建筑沉降 | ≤30mm |
| 3 | 桩体水平位移 | ≤40mm |
| 4 | 地下水位 | ≤1000mm |
| 5 | 立柱沉降 | ≤20mm |
| 6 | 桩顶沉降 | ≤30mm |
| 7 | 桩顶水平位移 | ≤30mm |

车站及交通核盖挖部分永久结构柱为 φ1300mm 钢管柱,加上剪力钉外径达 φ1640mm,桩基础直径为 φ2500mm,成孔深度达 45～58m,1～34 轴 46 根钢管柱柱顶与钢箱梁(翼板厚度最大 100mm)焊接连接,钢箱梁顶部局部与地铁 3 号线改造大雨棚柱连接,钢管柱施工精度要求极高,控制难度大。**如何保证钢管柱的垂直度及型钢梁的安装精度和速度**是本工程的重难点之一。车站及交通核盖挖,钢管柱和型钢梁剖面图如图 1-24、图 1-25 和图 1-26 所示。

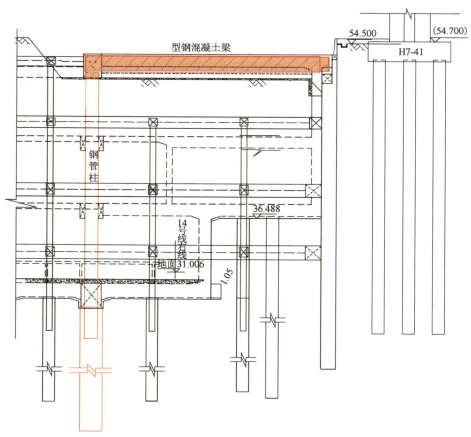

图 1-24　车站及交通核盖挖(高程单位:m)

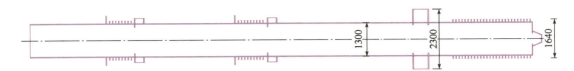

图 1-25　钢管柱剖面图(尺寸单位:mm)

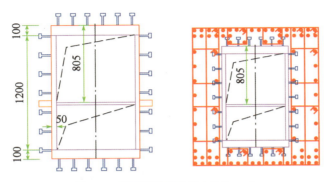

图 1-26　型钢梁剖面图(尺寸单位:mm)

先行施工大运车站主体结构,交通核顶板底基本与原地面齐平,比车站顶板高 2.9m,通过 1.8m×4m 上翻梁与车站顶板连接,形成大跨度支撑体系,车站与交通核横剖图如图 1-27 所示。**超大跨度基坑主体结构分区域先后施工,主体结构自身变形及裂纹如何控制**是本工程的重难点之一。

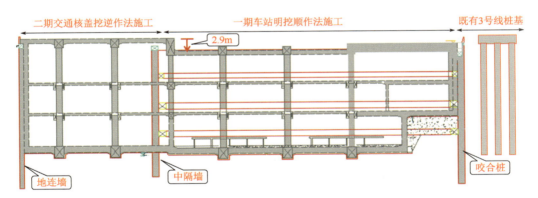

图 1-27　车站与交通核横剖图

地铁 3 号线改造需在地铁上空施工,既有站台及轨行区完全处于施工区域内。龙岗大道车行、人行都处于施工范围内。邻近营业线施工防护要求高,设备要求高,安全要求更高。地铁 3 号线大运站改造工程涉及地铁的运营,高空作业安全风险高,与既有地铁 3 号线结构对接接口技术要求高。**在运营线上进行新建平台站台、既有雨棚拆除,如何保证既有建筑、设备、车辆、乘客安全**是本工程的重难点之一。地铁 3 号线改造平面图和剖面图如图 1-28 和图 1-29 所示。

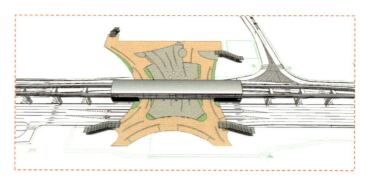

图 1-28 地铁 3 号线改造平面图

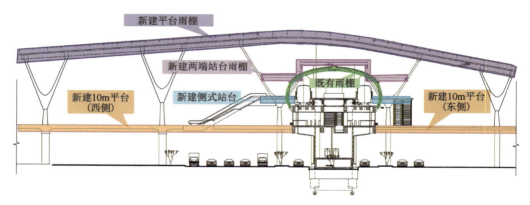

图 1-29 地铁 3 号线改造剖面图

# 第2章 大运综合交通枢纽设计方案

## 2.1 大运枢纽的设计路线

### 2.1.1 枢纽的发展模式

高标准的规划和城市功能定位引发了我们思考如何建好大运枢纽,借鉴以往建设的思路,大运枢纽的设计理念要在过去实用主义导向的基础上丰富枢纽内涵,力争把枢纽打造成一个有特色、有活力的城市空间来满足未来的需求。从大运枢纽鸟瞰效果图(图 2-1)中可以发现,二层景观平台可以将东西两侧的二层连廊有效联系起来,和地下过街通道一起有效地缝合城市。

图 2-1 大运枢纽鸟瞰效果图

轨道交通和地块结合有几种模式(图 2-2),传统模式中轨道交通和地块开发区域独立,两者之间采用通道连接;流行模式中虽然轨道交通嵌入了开发地块,但和地块开发之间仍有明显的分界,相互独立,连接不够紧密。大运枢纽采用将换乘空间融入地块开发的模式,使得轨道交通和地块开发相互融合,做到你中有我,我中有你。新型枢纽不拘泥于车站本身的建设,以街区的尺度设置城市功能,将车站、街区存在的问题予以一体化解决。

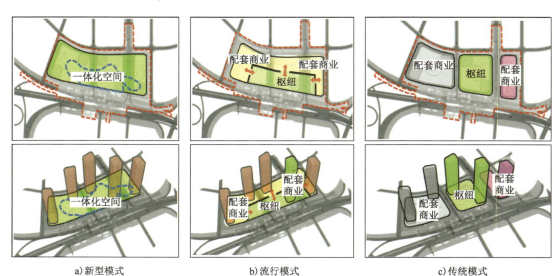

a) 新型模式　　　　　　b) 流行模式　　　　　　c) 传统模式

图 2-2　枢纽发展模式

## 2.1.2　枢纽的设计理念

枢纽的设计理念内涵为"经营地铁,服务城市"和以公共交通为导向的开发(TOD)发展模式。即利用交通建设机会,将开发价值最大化,打造集交通、商业、办公、居住、文化为一体的城市综合体。枢纽的设计有以下三大目标:

(1) 环境可持续性,即创造多层次的垂直绿化和新颖有趣的城市空间。

(2) 社会可持续性,包括文化的延续与人文的展示。

(3) 经济可持续性,包括提高经济效益、集约利用土地和推动绿色与高效的交通系统。

枢纽的设计理念主要有以下四点:

(1) TOD 价值最大化。轨道交通换乘流线与空间布局紧密结合、地块最有效开发、创造最大经济效益。

(2) 可持续的功能布局与空间结构。枢纽整体开发依照建设时序成长,逐步完成规划大蓝图。

(3) 环境服务与强度的平衡。合宜的开发强度,确保环境品质与完善周边服务。

(4) 生态与智能互联。打造海绵城市与森林城市,创造绿色生活,食衣住行智能化,迎接大数据时代。

大运综合交通枢纽是片区"城市生长点",是迎接四方客人的"城市客厅","东进战略"中心核心区,"多元化复合型产业示范基地"。结合"大中心城"片区规划,重点发展科技服务产业。未来TOD核心区枢纽拥有以下发展要素:打造科技服务业,使枢纽成为吸引人才的客厅;通过地上、地下的过街通道对龙岗大道东西两侧地块进行缝合;通过多种交通方式的接驳实现复合型交通枢纽;将枢纽打造成一个集交通、生活配套、商业、办公为一体的城市综合体;打造一个各方面可持续发展的枢纽;提供休闲和举办文化活动场所;建设枢纽核心地块内的立体步行系统,以及建筑智能化、海绵城市、城市连接系统、立体天际线、无缝接驳等。

### 2.1.3 枢纽的概念方案

枢纽核心地块分为3个区域,分别是由4条轨道交通线路构成的轨道交通核心区和由轨道交通换乘其他交通接驳方式的城市地下换乘空间,以及由城市开发和公交、出租汽车、社会车辆等构成的市政配套区。核心区以外是泛枢纽区。大运枢纽区域划分如图2-3所示。

图2-3 大运枢纽区域划分

根据客流规模预测和枢纽整体布局分析,我们形成了大运枢纽的整体概念方案。地铁14、16号线车站位于地铁3号线西侧龙岗大道下方,通过西侧地块内的交通核和地铁3号线进行地上和地下线路的换乘。交通核通过地块内的立体步行系统和地块内的其他建筑物高效连接,对地铁3号线高架站进行大幅度的改造,形成横跨龙岗大道东西两侧的高架平台。结合地下过街通道对龙岗大道两侧进行缝合,东西两侧地块适度开发,共同形成一个集轨道交通、生活配套、商业、办公、生活游览、文化活动于一体的城市综合体。枢纽的特点是通过下沉广场将自然光和风引入地下,通过地上景观平台和地下通道缝合东西两侧地块,通过交通核打造高品质换乘空间。大运枢纽设计方案布局、枢纽引光引风示意图如图2-4、图2-5 所示。

图2-4　大运枢纽设计方案布局

图2-5　枢纽引光引风示意图

## 2.2 主要设计原则及技术标准

### 2.2.1 主要设计原则

(1)地下结构设计应根据工程地质与水文地质条件、环境条件、道路交通状况和技术经济等因素综合比较,选择合理的施工方法和结构形式,满足使用要求。

(2)地下结构的设计应满足限界、设备安装、人防与防灾、施工、防迷流等方面的要求,并考虑施工误差、测量误差、结构变形及后期沉降的影响。

(3)地下结构设计应分别按施工阶段和使用阶段,根据承载能力极限状态和正常使用极限状态的要求,进行计算及检算,使结构设计符合强度、刚度、稳定性、耐久性的要求,并满足抗浮、抗震和施工工艺的要求。

(4)地下结构设计应根据国家及深圳市有关规定及标准,合理确定设计所采用的地震动参数。抗震设计应根据设防要求、场地条件、结构类型和埋深等因素选用能较好反映其地震工作性状的分析方法。在结构设计时采取相应的构造措施,以提高结构的整体抗震能力。当地下结构上部建有地面建筑物时,应按整体检算抗震能力,地下结构的抗震等级不应低于地面结构的抗震等级。

(5)地下结构施工阶段计算可采用荷载-结构模式,按荷载"增量法"进行计算,模拟施工过程。车站主体结构采用多层框架结构时,对于细长条区段可按底板支承在弹性地基上的平面框架进行内力分析;对于大面积、大孔洞段,应采用三维整体结构分析模型进行计算。

(6)围护结构设计中应根据基坑的保护等级和允许变形的控制标准,严格控制基坑开挖引起的地面沉降量和水平位移。

(7)地下结构的防水设计应遵循"以防为主、刚柔结合、多道防线、因地制宜、综合治理"的原则,根据环境条件、结构形式、施工方法,选择有效、可靠、操作方便的防水方案。结构防水应以钢筋混凝土结构自防水为主,防水层为辅,加强变形缝、施工缝、穿墙管、预埋件、预留孔洞、各型接头、各种结构断面接口、桩头等细部结构的防水措施。

(8)地下结构耐久性设计应严格执行现行《混凝土结构耐久性设计标准》(GB/T 50476)中的相关规定。

(9)车站结构必须具有战时防护功能,在规定的设防部位进行结构设计时,车站结构设计应满足人防设防要求。

### 2.2.2 主要技术标准

(1)地下结构的主体结构和使用期间不可更换的结构构件,应根据环境类别,按设计使用年限为100年的要求进行耐久性设计。使用期间可以更换且不影响运营的次要结构构件,可按设计使用年限50年的要求进行耐久性设计。临时结构可不考虑耐久性设计要求。

(2)本工程抗震设防烈度为7度,设计基本地震加速度为$0.10g$,设防分类为乙类,抗震等级为三级。按二级抗震等级采取抗震构造措施,以提高结构和接头处的整体抗震能力。

(3)明挖法施工的结构顶部覆土厚度应满足地下管线铺设及绿化种植等要求。当位于城市主干道下方时,覆土厚度不宜小于3.0m;当位于城市次干道下方时,覆土厚度不宜小于2.0m。

(4)严格控制工程施工引起的地面沉降量。一般情况下,地面沉降量控制在30mm、隆起量控制在10mm以内。当周边有重要建筑(构)物及管线时,应控制在其允许的范围内。

(5)车站结构的安全等级为一级,车站中的各类结构构件的安全等级宜与整个结构的安全等级相同。在按荷载效应基本组合进行承载能力计算时,相应的结构构件重要性系数取1.1,其他构件(临时构件)取1.0。按荷载效应的偶然组合进行承载力计算时,结构重要性系数取1.0。

(6)车站环境作用类别为一般环境,按荷载准永久组合并计及长期作用影响计算时,构件的最大计算裂缝宽度允许值为0.3mm。

(7)大运枢纽工程设防为甲类人防工程。防核武器抗力6级,防常规武器抗力6级。

(8)地下车站、行人通道及机电设备集中区段的防水等级应为一级,不允许渗水,结构表面无湿渍。区间隧道及其他附属隧道的防水等级为二级,结构不允许漏水,结构表面可有少量湿渍。总湿渍面积不应大于防水面积的0.2%,任意100$m^2$防水面积上湿渍不超过3处,单个湿渍的最大面积不大于0.2$m^2$。

(9)地下结构设计应充分考虑预留开口对抗浮的影响,按最不利地下水位情况进行抗浮稳定检算,在不考虑侧壁摩阻力时,其抗浮安全系数不得小于1.05,当考虑侧壁摩阻力时,其抗浮安全系数不得小于1.15。当抗浮不满足要求时,应采取相应的工程措施。

(10)地下结构应满足防(火)灾要求,结构的耐火等级为一级。

## 2.3 大运枢纽的工法、支护与主体结构

根据地质条件及周边环境,大运枢纽工程围护结构采用咬合桩/地连墙+内支撑的支护体系,车站小里程局部及交通核采用盖挖逆作法施工,东侧龙岗大道下沉隧道共建段采用盖挖顺作法施工,其余均采用明挖法(局部盖挖)施工。

大运枢纽工程围护结构周长共计4376.7m,土方量142万$m^3$,钢筋混凝土量29.83万$m^3$。主体结构采用现浇整体式框架结构,小里程地铁16号线折返线区间、75m下沉隧道合建段及

东侧龙岗大道下沉隧道为地下双层结构;地铁14、16号线大运站及交通核、大里程区间为地下三层结构;附属为单层结构大运枢纽主体结构和工程规模如图2-6和图2-7所示。

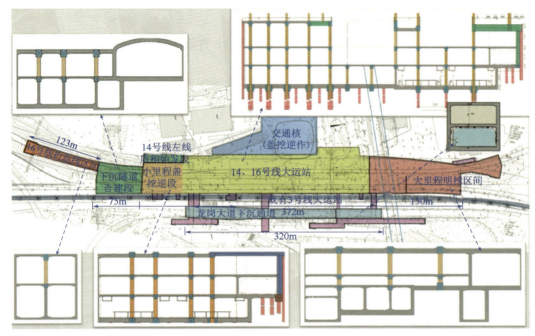

图2-6 大运枢纽主体结构

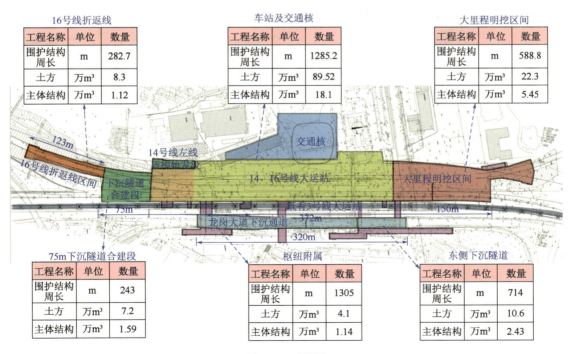

图2-7 工程规模

## 2.4 围护结构设计方案

### 2.4.1 地铁 16 号线折返线区间围护设计方案

1）周边环境

区间采用明挖法施工，基坑长度约 123.2m，基坑深度为 19.2~20.59m。小里程地铁 16 号线折返线明挖区间围护结构距拟建地铁 14 号线左线盾构区间最小水平净距约为 5.3m，距拟建地铁 14 号线右线盾构区间最小水平净距约为 15.2m，距既有地铁 3 号线大运—爱联高架区间承台桩基最小净距约为 42.38m。盾构井围护距现状临时匝道最小净距为 4.5m。地铁 16 号线折返线明挖区间围护设计方案-周边环境图如图 2-8 所示。

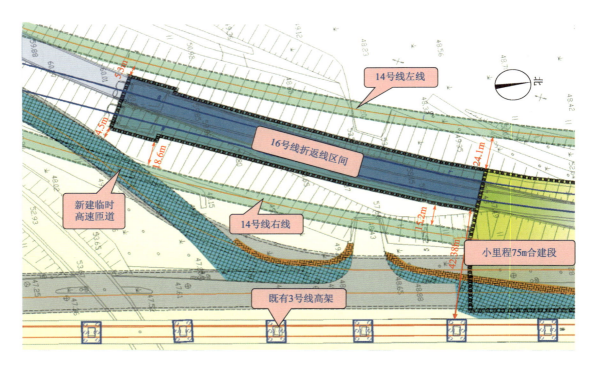

图 2-8　地铁 16 号线折返线明挖区间围护设计方案-周边环境图

2）工程地质

区间范围内地层从上到下依次为：素填土、粉质黏土、粉细砂、粉质黏土。基底主要位于粉质黏土层。场地内地下水主要为第四系松散岩类孔隙水，地下水位埋深 0.50~7m。左线和右线地质纵断面如图 2-9 和图 2-10 所示。

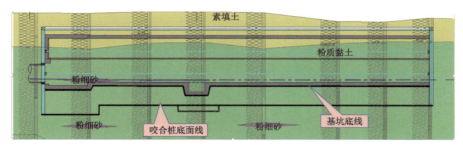

图 2-9　左线地质纵断面

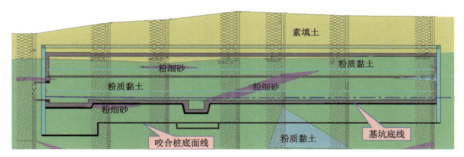

图 2-10　右线地质纵断面

### 3）围护结构和支承体系

区间标准段围护结构采用 $\phi1200mm@900mm$ 钻孔咬合桩（荤素咬合），嵌固深度约为 7m，采用一道混凝土支撑 + 两道钢支撑。盾构井段考虑对邻近既有匝道及盾构区间的保护，采用 $\phi1500mm@1800mm + \phi1000mm@1800mm$ 钻孔咬合桩（荤素咬合），嵌固深度为 8.05～9.55m，采用三道混凝土支撑。第一道混凝土支撑和第二、三道钢支撑如图 2-11 和图 2-12 所示。

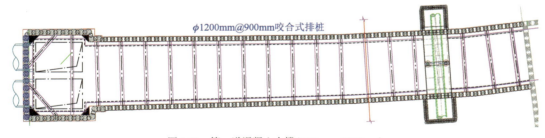

图 2-11　第一道混凝土支撑（800mm×1000mm）

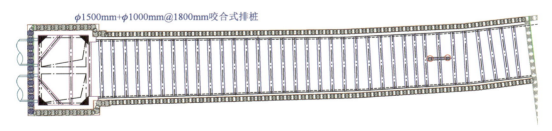

图 2-12　第二、三道钢支撑（$\phi800mm$，壁厚 $t=20mm$）

### 4)围护横剖面

小里程地铁 16 号线折返线区间采用明挖法施工,基坑长度约为 128.5m,基坑深度为 19.2～20.45m,基坑宽度为 14.6～20.04m。盾构井基坑采用 $\phi1500mm@1800mm+\phi1000mm@1800mm$ 荤素咬合桩,设三道混凝土支撑($0.8m\times1m$),围护桩嵌固深度为 8.05～9.55m。标准段基坑采用 $\phi1200mm@900mm$ 荤素咬合桩,设三道支撑,第一道为混凝土支撑($0.8m\times1m$),第二、三道为钢支撑($\phi800mm$,壁厚 $t=20mm$),围护桩嵌固深度为 7.19m。经计算,围护结构内力、变形均满足相关规范要求。围护 1-1 和 2-2 截面位置及横剖面如图 2-13 所示。

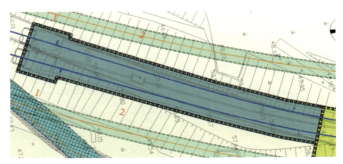

a) 围护1-1和2-2截面位置(尺寸单位:m)

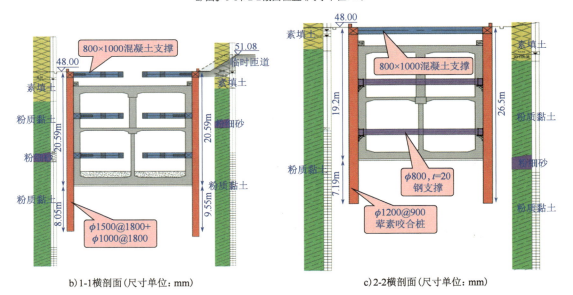

b) 1-1横剖面(尺寸单位:mm)　　c) 2-2横剖面(尺寸单位:mm)

图 2-13　围护 1-1 和 2-2 截面位置及横剖面

## 2.4.2　小里程盾构始发段围护设计方案

### 1)周边环境

小里程端基坑东侧围护外边缘距地铁 3 号线荷坳—大运高架区间承台桩基(HT34-HT39)

最小净距为3.96m。现状地面西侧高程为47.5~48.8m，东侧高程为52.5~53m(现状为龙岗大道西侧主干道)，东西两侧地形高差约4.5m。基坑中部现状为机荷高速公路匝道(路基段)，施工期间按拆除处理，后期结合龙岗大道下沉隧道方案对其进行恢复还建。小里程端为地铁14号线坳大盾构区间提供始发条件，下沉隧道75m合建段(含右线始发井)及地铁14号线左线盾构始发段采用明挖法施工，小里程剩余段采用盖挖逆作法施工，待左、右线始发井完成后施工。小里程盾构始发段周边环境如图2-14所示。

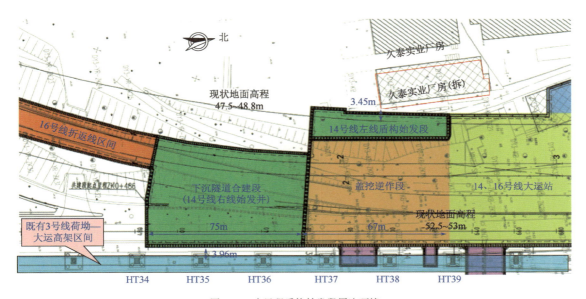

图2-14 小里程盾构始发段周边环境

小里程盾构始发段基坑涉及既有地铁3号线荷坳—大运高架区间HT34~HT39承台，根据既有地铁3号线高架区间竣工图资料，本段荷坳—大运高架区间为简支梁桥，桥跨30m，为四桩或六桩承台，承台桩基为端承桩/摩擦桩，HT34~36桥桩桩径1.5m，HT37~39桥桩桩径1.2m，桩长32.6~45.0m，地层从上到下依次为素填土、粉质黏土、全~强风化泥质砂岩。地铁3号线荷坳—大运区间HT33~HT42承台地质纵断面示意图如图2-15所示。

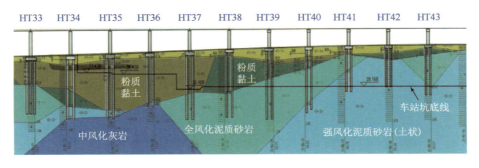

图2-15 地铁3号线荷坳—大运区间HT33~HT42承台地质纵断面示意图

2）工程地质

地铁 14 号线左线盾构始发段范围地层从上至下依次为素填土、杂填土、粉质黏土、粉细砂、全风化砂岩、土状强风化砂岩，基坑深度 24.5m，坑底主要位于粉质黏土、土状强风化砂岩中。综合考虑明挖基坑深度、周边环境、地质及水文条件、施工安全等因素，选用灵活性强、适应性好、施工速度较快的 $\phi1200mm + \phi1000mm@1500mm$ 荤素咬合桩，$\phi1200mm@1500mm$ 钻孔灌注桩 + $\phi800mm@450mm$ 旋喷止水帷幕作为其围护结构。地铁 14 号线左线盾构始发段地质纵断面示意图如图 2-16 所示。

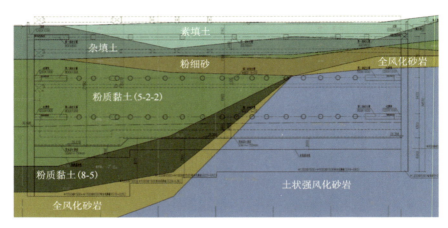

图 2-16　地铁 14 号线左线盾构始发段地质纵断面示意图

地铁 14 号线右线盾构始发段地层从上至下依次为素填土、杂填土、粉质黏土、粉细砂、全风化砂岩，基坑深度约 19.5m，坑底位于粉质黏土中。综合考虑明挖基坑深度、周边环境、地质及水文条件、施工安全等因素，选用灵活性强、适应性好、施工速度较快的 $\phi1200mm@900mm$ 荤素咬合桩作为其围护结构。地铁 14 号线盾构始发段地质纵断面示意图如图 2-17 所示。

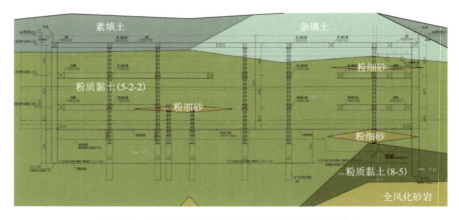

图 2-17　地铁 14 号线右线盾构始发段地质纵断面示意图

小里程端龙岗大道下沉隧道东侧基坑地层从上至下依次为素填土、粉质黏土、粉细砂、土状强风化砂岩,基坑深度11m。综合考虑明挖基坑深度、周边环境、地质及水文条件、施工安全等因素,基坑施工对既有地铁3号线的影响满足《地铁运营安全保护区和建设规划控制区工程管理办法》的情况下,根据基坑深度不同,考虑既有地铁3号线桥面下施工空间,围护结构选用φ1500mm@1250mm全荤咬合桩,加强围护结构刚度。小里程端龙岗大道下沉隧道地质纵断面示意图如图2-18所示。

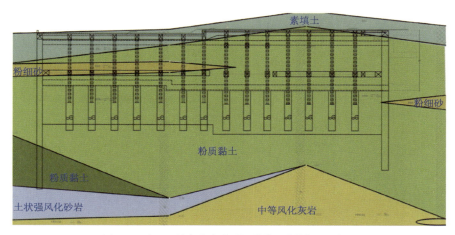

图2-18 小里程端龙岗大道下沉隧道地质纵断面示意图

3)围护结构和支承体系

(1)东侧:为控制施工期间基坑自身变形,加强围护结构刚度,车站东侧基坑段(深25m)采用φ1500mm@1150mm全荤咬合桩,龙岗大道下沉隧道较深基坑段(深12~15m)采用φ1500mm@1250mm全荤咬合桩,并采用全套筒全回旋硬咬合工艺,控制成桩质量,减小对既有运营线路的扰动影响。小里程盾构始发段东侧围护结构如图2-19所示。

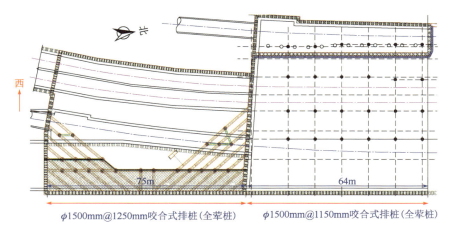

图2-19 小里程盾构始发段东侧围护结构

（2）南侧：现状机荷高速公路匝道拆除后，场地条件相对空旷，但东、西两侧地形高差较大（约4.5m），选用灵活性强、适应性好、施工速度较快的 $\phi1200mm@900mm$（局部 $\phi1500mm+\phi1000mm@1800mm$）荤素咬合桩作为其围护结构。

（3）西侧：现状地势较低，车站端头与既有建筑物距离较近，选用灵活性强、适应性好、施工速度较快的 $\phi1200mm+\phi1000mm@1500mm$ 或 $\phi1200mm@900mm$ 荤素咬合桩作为其围护结构。

小里程盾构始发段南侧和西侧围护结构如图2-20所示。

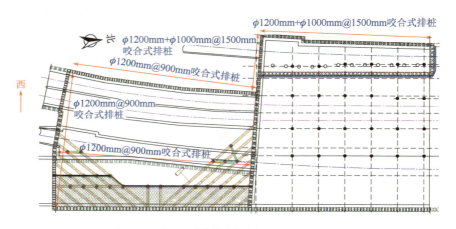

图2-20 小里程盾构始发段南侧和西侧围护结构

（4）北侧：左线始发井设置隔墙提前封闭基坑，为盾构始发提供条件，隔墙选用 $\phi1200mm@1500mm$ 钻孔灌注桩 $+\phi800mm@450mm$ 旋喷桩止水帷幕。

（5）车站端头：由于车站基坑与龙岗大道下沉隧道基坑深度相差较大，需设置隔墙封闭基坑，隔墙选用刚度较大的 $\phi1500mm+\phi1000mm@1900$ 荤素咬合桩。小里程盾构始发段北侧和车站端头围护结构如图2-21所示。小里程盾构始发段围护支撑体系如图2-22所示。

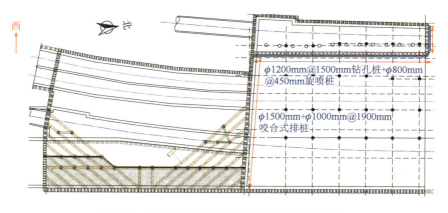

图2-21 小里程盾构始发段北侧和车站端头围护结构

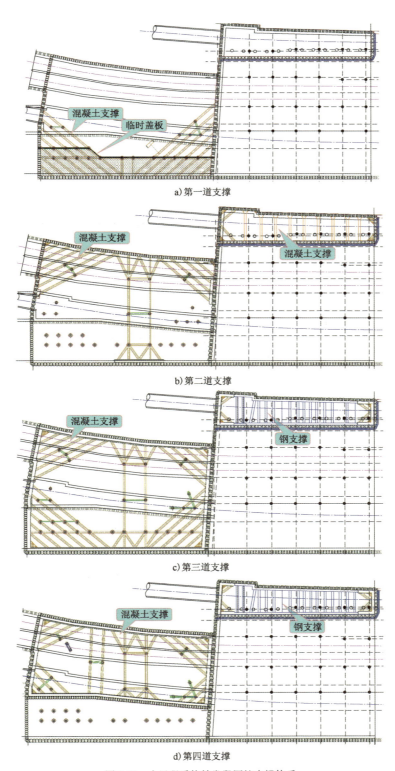

图 2-22 小里程盾构始发段围护支撑体系

4)围护横剖面

1~7轴盾构始发井段围护横剖面如图 2-23 所示。地铁 14 号线左线始发井基坑竖向设一道混凝土支撑、两道钢支撑,东侧基坑采用盖挖逆作法施工。临时格构立柱及钢管柱下桩兼作抗拔桩,围护桩嵌固深度为 8.0m。经计算,围护结构内力、变形均满足相关规范要求。75m 下沉隧道合建段围护基坑东侧竖向设三道混凝土支撑,西侧竖向设三道混凝土支撑。围护桩嵌固深度为 7.0m,围护桩桩底进入砂层底以下 2m。经计算,围护结构内力、变形均满足相关规范要求。75m 下沉隧道合建段围护横剖面图如图 2-24 所示。

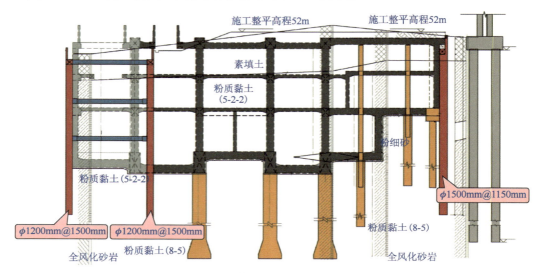

图 2-23　1~7 轴盾构始发井段围护横剖面图

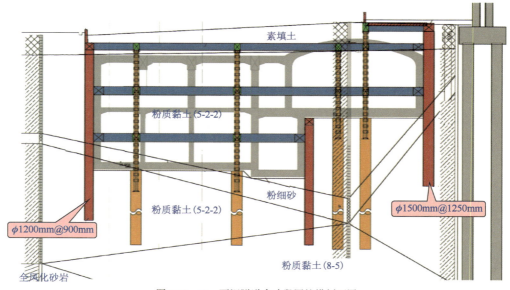

图 2-24　75m 下沉隧道合建段围护横剖面图

## 2.4.3 大里程明挖区间围护设计方案

### 1）周边环境

大里程明挖区间围护边缘距颐安都会中央小区幼儿园（3层）最小水平净距约为8.98m，围护桩距颐安都会中央小区高层住宅（31层）最小水平净距约为14.75m。龙岗大道下沉隧道围护桩边缘距既有地铁3号线大运—爱联高架区间承台桩基最小净距约为4.14m，区间设置地铁14、16号线盾构接收井，预留远期地铁33号线下穿条件。大里程明挖区间周边环境如图2-25所示。

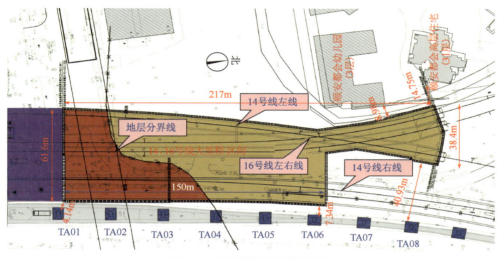

图2-25 大里程明挖区间周边环境

大里程明挖区间基坑涉及既有地铁3号线大运—爱联高架区间TA01～TA06承台，根据既有地铁3号线高架区间竣工图资料，本段大运—爱联高架区间为简支梁桥，桥跨约为30m，承台桩基为端承摩擦桩或嵌岩桩，端承摩擦桩桩长23.0～37.5m，地层从上到下依次为素填土、全～强风化泥质砂岩；嵌岩桩桩长12.6～24.0m，地层从上到下依次为素填土、粉质黏土、中风化灰岩。地铁3号线大运—爱联区间TA01～TA06承台桩基地质纵断面如图2-26所示。

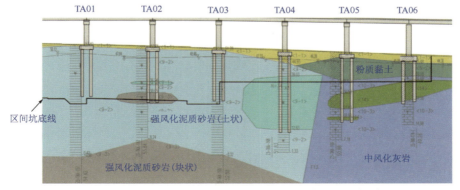

图2-26 地铁3号线大运—爱联区间TA01～TA06承台桩基地质纵断面

东侧基坑(邻近既有线)地层从上至下依次为素填土、粉质黏土、土(块)状强风化砂岩、微风化灰岩,基底基本位于土状(块状)强风化砂岩,局部位于粉质黏土或微风化灰岩,基坑深度14.2~27.8m。地下水主要为:第四系松散岩类孔隙水、基岩裂隙水、岩溶水,地下水位埋深0.50~6.80m。综合考虑明挖基坑深度、周边环境、地质及水文条件、施工安全等因素,基坑施工对既有地铁3号线的影响满足《深圳地铁运营安全保护区和建设规划控制区工程管理办法》的情况下,根据基坑深度不同,东侧围护结构选用施工灵活性强、对环境适应性强、止水性好、刚度较大的 φ1500mm@1150mm 和 φ1200mm@900mm 全荤咬合桩。地铁14号线右线区间与大里程端龙岗大道下沉隧道地质纵断面(基坑东侧)如图2-27所示。

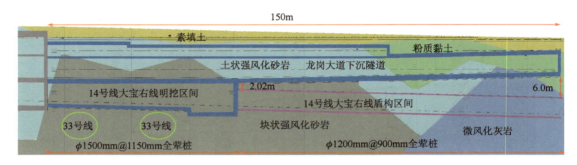

图2-27 地铁14号线右线区间与大里程端龙岗大道下沉隧道地质纵断面(基坑东侧)

2)工程地质

西侧基坑以地层分界线为界,地层分界线往小里程方向,地层从上至下分别为素填土、粉质黏土、土状(块状)强风化砂岩,基底主要位于土状强风化砂岩。地层分界线往大里程方向,地层从上至下分别为杂填土、素填土、粉质黏土、中~微风化灰岩,基底主要位于微风化灰岩,基坑深19.8~29.8m。综合考虑明挖基坑深度、周边环境、地质及水文条件(岩溶)、施工安全等因素,基坑西侧围护结构选用施工灵活性强、对环境适应性强的 φ1200mm@900mm 荤素咬合桩。地铁14号线左线区间地质纵断面(基坑西侧)如图2-28所示。

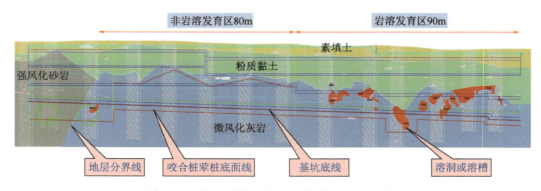

图2-28 地铁14号线左线区间地质纵断面(基坑西侧)

## 3) 围护结构和支承体系

大里程明挖区间围护结构如图 2-29 所示。为控制基坑开挖自身变形，根据基坑深度，东侧（邻近既有地铁 3 号线侧）围护结构选用 $\phi1500\text{mm}@1150\text{mm}$ 和 $\phi1200\text{mm}@900\text{mm}$ 全荤咬合桩，加强围护结构刚度，同时采用全套筒硬咬合工艺，控制成桩质量，保证止水效果，减小对既有地铁 3 号线的扰动影响。明挖区间基坑西侧（远离既有地铁 3 号线侧）与颐安都会中央小区幼儿园距离较近（约 9.0m），基坑底部大部分位于微风化灰岩，岩溶较发育，考虑施工场地邻近既有建筑物、岩溶不良地质等因素，围护结构选用灵活性强、适应性好、施工速度较快的 $\phi1200\text{mm}@900\text{mm}$ 荤素咬合桩作为其围护结构。其余区间根据基坑深度、地层情况，围护结构选用 $\phi1200\text{mm}@900\text{mm}$ 或 $\phi1200\text{mm}@950\text{mm}$ 荤素咬合桩作为其围护结构。

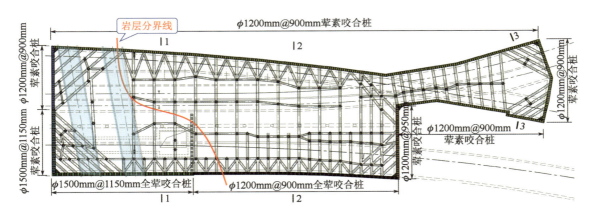

图 2-29　大里程明挖区间围护结构

大里程基坑明挖区间支撑平面布置如图 2-30 所示。

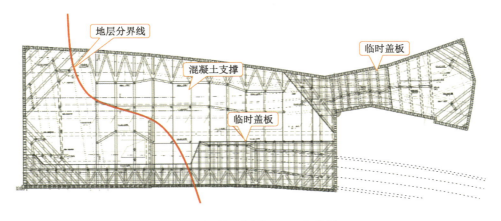

a) 大里程基坑第一道支撑（1m×1m 混凝土）

图 2-30

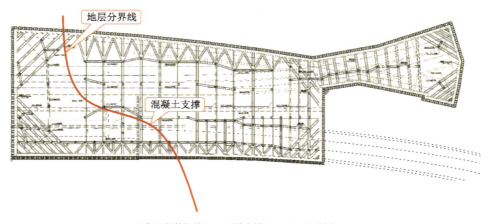

b) 大里程基坑第二、三道支撑(1m×1.2m混凝土)

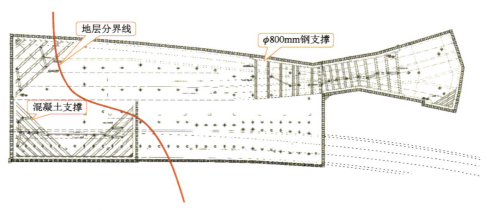

c) 大里程基坑第四道支撑(1m×1.2m混凝土和φ800mm钢支撑，$t$=20mm)

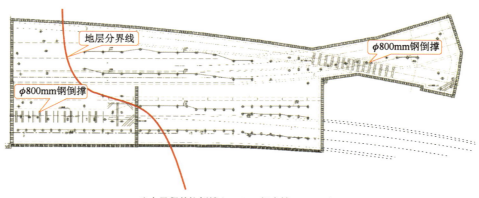

d) 大里程基坑倒撑(φ800mm钢支撑，$t$=20mm)

图2-30 大里程基坑明挖区间支撑平面布置

4) 围护横剖面

大里程明挖区间基坑1-1横剖面(图2-31)东侧竖向设四道混凝土支撑，西侧竖向设三道混凝土支撑。东侧坑底为块状强风化砂岩,围护桩嵌固深度为7.0m;西侧坑底为微风化灰岩,围护桩嵌固深度为2m。经计算,围护结构内力、变形均满足相关规范要求。

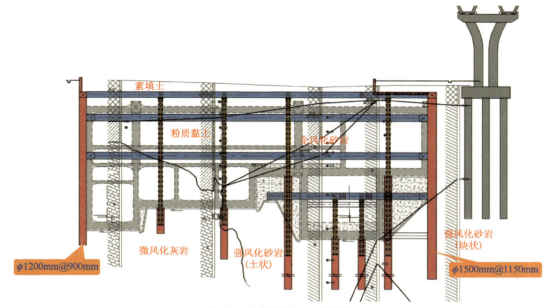

图2-31　大里程基坑1-1横剖面

大里程基坑2-2横剖面(图2-32)竖向设三道混凝土支撑。东侧坑底为块状强风化砂岩,围护桩嵌固深度为4.5m;西侧坑底为微风化灰岩,围护桩嵌固深度为2m。经计算,围护结构内力、变形均满足相关规范要求。

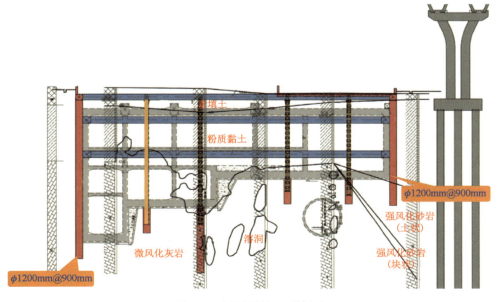

图2-32　大里程基坑2-2横剖面

大里程基坑 3-3 横剖面(图 2-33)东侧竖向设三道混凝土支撑+一道钢支撑,西侧竖向设三道混凝土支撑。东侧坑底为微风化灰岩,围护桩嵌固深度为 2m;西侧坑底为粉质黏土,围护桩桩底为穿越溶洞进入微风化灰岩,深度为 2m。经计算,围护结构内力、变形均满足相关规范要求。

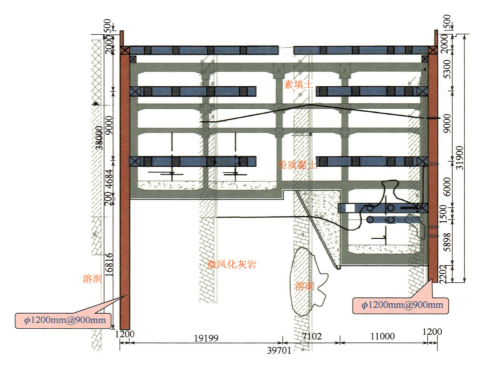

图 2-33 大里程基坑 3-3 横剖面(尺寸单位:mm)

## 2.4.4 车站及交通核围护设计方案

### 1)周边环境

车站及交通核西侧围护边缘距久泰实业有限公司(3层)最小水平净距约为 17.17m,基坑东侧围护桩边缘距既有地铁 3 号线大运车站承台桩基最小净距约为 2.1m。车站及交通核周边环境如图 2-34 所示。

车站主体及交通核基坑涉及既有地铁 3 号线荷坳—大运高架区间 HT39~HT43 承台及既有地铁 3 号线大运站 AT01~AT12 承台,根据既有地铁 3 号线高架区间竣工图资料,本段荷坳—大运高架区间为简支梁桥,桥跨约为 30m,承台桩基为端承摩擦桩,桩长 25.5~45.0m,地层从上到下依次为素填土、全~强风化泥质砂岩。大运站为站桥合一的整体空间框架受力体系,单榀结构跨度 12m,承台桩基为端承桩/摩擦桩,桩长 23.0~38.0m,地层从上至下依次为素填土、强风化砂岩、中风化砂岩。地铁 3 号线大运站 AT01~AT12 承台桩基地质纵断面如图 2-35 所示。

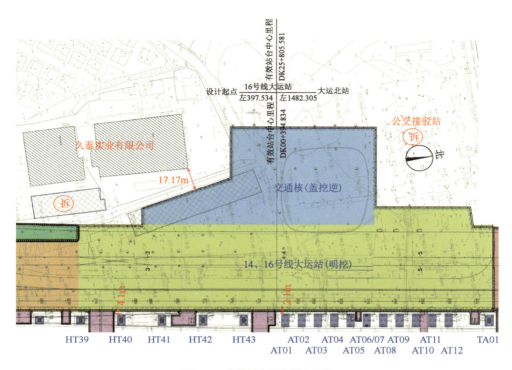

图 2-34 车站及交通核周边环境

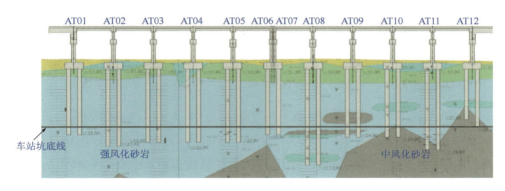

图 2-35 地铁 3 号线大运站 AT01～AT12 承台桩基地质纵断面

## 2）工程地质

西侧小里程方向地层从上至下依次为素填土、粉质黏土、全风化砂岩、土（块）状强风化砂岩，大里程方向基底基本位于中等风化砂岩，局部位于土（块）状强风化砂岩，基坑深度 25.6～27.0m。基坑施工前对部分建（构）筑物进行拆迁处理，拆迁后场地较为空旷，故综合考虑基坑深度与地层情况，本侧围护推荐采用地下连续墙。地铁 14、16 号线大运车站左线地质纵断面如图 2-36 所示。

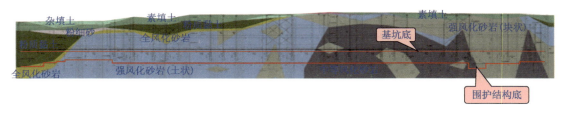

图 2-36　地铁 14、16 号线大运车站左线地质纵断面

由图 2-37 可知,东侧小里程方向地层从上至下依次为素填土、粉质黏土、全风化砂岩、土(块)状强风化砂岩、中风化砂岩,大里程方向基底基本位于土(块)状强风化砂岩,局部位于中等风化砂岩,基坑深度 25.6~27.0m。地铁 14、16 号线大运车站右线地质纵断面如图 2-37 所示。

图 2-37　地铁 14、16 号线大运车站右线地质纵断面

综合考虑明挖基坑深度、周边环境、地质及水文条件、施工安全等因素,基坑施工对既有地铁 3 号线的影响满足《深圳地铁运营安全保护区和建设规划控制区工程管理办法》的情况下,根据基坑深度不同,考虑既有地铁 3 号线桥面下施工空间,围护结构选用 $\phi1500mm@1150mm$ 全荤咬合桩,加强围护结构刚度。

3)围护结构选型

地铁 14、16 号线大运站基坑深为 25.6~27m,宽为 62.3~76.8m,结构覆土 1.5~3m,支撑采用四道混凝土桁架撑。东侧(邻近既有地铁 3 号线侧)为控制基坑开挖自身变形。根据基坑深度,考虑既有地铁 3 号线桥面下施工空间,围护结构选用 $\phi1500mm@1150mm$ 全荤咬合桩加强围护结构刚度,同时采用全套筒硬咬合工艺,控制成桩质量,保证止水效果,减小对既有地铁 3 号线的扰动影响。西侧(远离既有地铁 3 号线侧)邻近 13-01、13-04 地块,该侧建(构)筑物主要为现状公交始末站、顺逸东方酒店、久泰实业厂房等建筑,基坑施工前上述建(构)筑物均进行拆迁处理,拆迁后场地较为空旷,故综合考虑基坑深度与地层情况,本侧围护推荐采用 1m 厚地下连续墙。中部分隔围护采用 $\phi1500mm@1800mm$ 钻孔灌注桩。围护结构选型如图 2-38 所示。

地铁 14、16 号线大运站基坑深为 25.6~27m,宽为 62.3~76.8m,结构覆土 1.5~3m,支撑采用四道混凝土桁架撑,如图 2-39 所示。

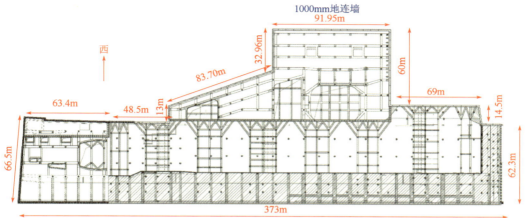

图2-38 围护结构选型

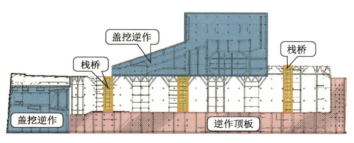

a) 车站基坑第一道支撑(1m×1m混凝土)

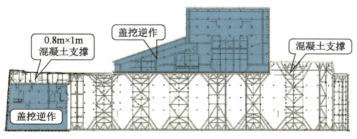

b) 车站基坑第二道支撑(1m×1.2m混凝土)

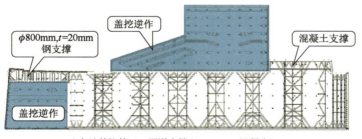

c) 车站基坑第三、四道支撑(1.2m×1.4m混凝土)

图2-39 车站及交通核支撑体系

## 4) 围护横剖面

基坑竖向设四道混凝土桁架撑。中等风化砂岩岩面局部突起,坑底多为块状强风化砂岩,围护桩嵌固深度 7.0~8.0m。经计算,围护结构内力、变形均满足相关规范要求。车站 1-1 截面位置和车站基坑 1-1 横剖面如图 2-40、图 2-41 所示。

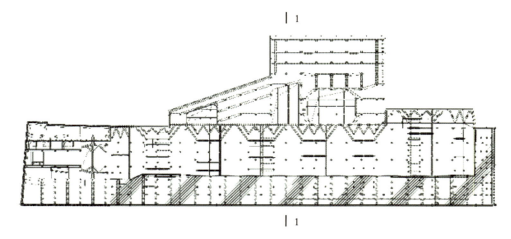

图 2-40　1-1 截面位置

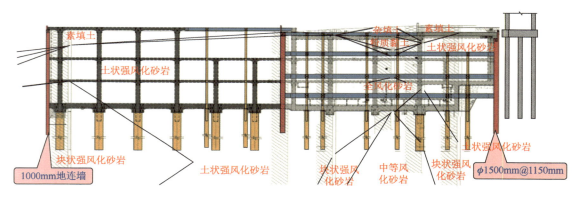

图 2-41　车站基坑 1-1 横剖面

### 2.4.5　东侧下沉隧道合建段围护设计方案

#### 1) 周边环境

东侧龙岗大道下沉隧道结构边缘距鸿运体育器材有限公司(3 层)最小水平净距约为 23.7m,距软件小镇建筑群最小水平净距约为 24.6m,距既有地铁 3 号线荷坳—大运高架区间桩基承台最小净距约为 9.88m,距既有地铁 3 号线大运高架站桩基承台最小净距约为 13.5m。东侧下沉隧道合建段周边环境如图 2-42 所示。

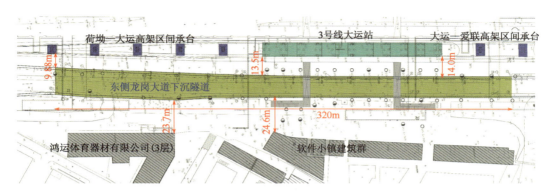

图 2-42 东侧下沉隧道合建段周边环境

**2）支撑体系**

根据基坑深度、地层情况，结合交通疏解方案，围护结构选用 $\phi1000mm@750mm$ 钻孔咬合桩（荤素咬合），采用盖挖顺作法施工。第一道支撑采用层板支撑（逆作顶板），第二、三道支撑采用钢支撑（$\phi609mm,t=16mm$）。施工阶段盖挖顶板平面图如图 2-43 所示。

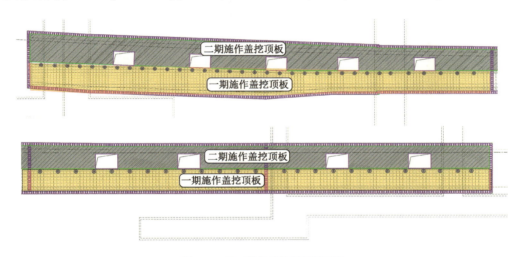

图 2-43 施工阶段盖挖顶板平面图

**3）围护横剖面**

东侧龙岗大道下沉隧道采用盖挖顺作法施工，基坑长度约为 320m，基坑深度为 17.8～19.6m，基坑宽度为 15.2～19.8m。区间地层从上至下依次为素填土、（块状）强风化砂岩、（土状）强风化砂岩。基底主要位于（块状）强风化砂岩、（土状）强风化砂岩中。围护结构采用 $\phi1000mm@750mm$ 钻孔咬合桩（荤素咬合），盖挖顶板 + 两道钢支撑（$\phi609mm,t=16mm$），围护桩嵌固深度为 7.0m 左右。经计算，围护结构内力、变形均满足相关规范要求。东侧下沉隧道合建段围护横剖面如图 2-44 所示。

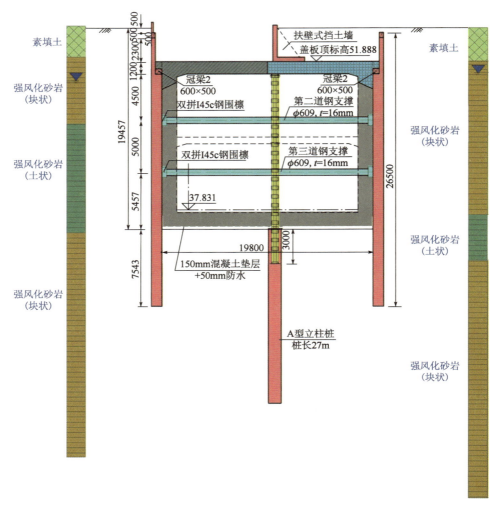

图 2-44 东侧下沉隧道合建段围护横剖面(尺寸单位：mm)

## 2.5 主体与附属结构设计方案

### 2.5.1 车站及交通核结构计算模型

车站及交通核结构形状复杂,板上开孔较多,且小里程及车站中部均存在明盖挖相接工况,故分别建立施工阶段和使用阶段计算模型(图2-45、图2-46),对结构全阶段受力进行模拟,确定结构断面尺寸。同时考虑地上地下结构合建,建立一体化受力模型进行受力验证(图2-47)。

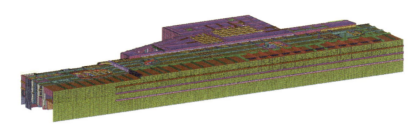

图 2-45　车站及交通核施工阶段计算模型

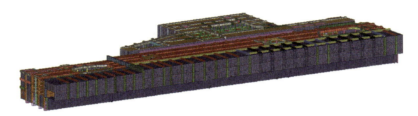

图 2-46　车站及交通核使用阶段计算模型

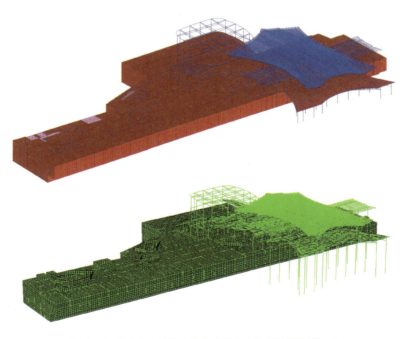

图 2-47　考虑地上地下结构合建的车站及交通核计算模型

## 2.5.2　车站及交通核主体结构

图 2-48、图 2-49 和表 2-1 给出了车站标准段断面、车站交通核断面和车站及交通核材料参数。

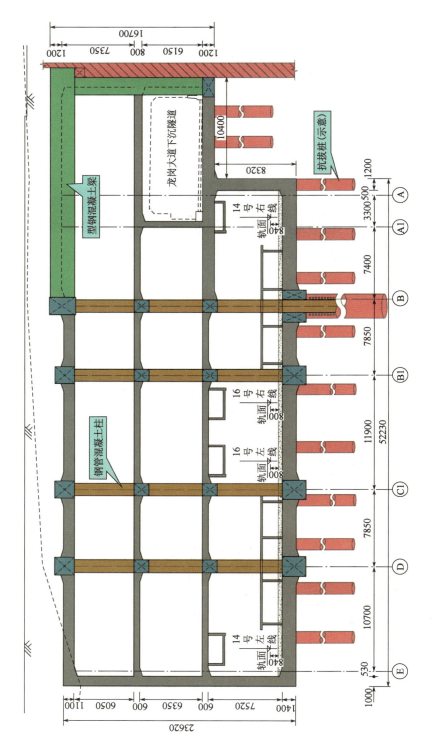

图2-48 车站标准段断面(尺寸单位: mm)

# 第2章 大运综合交通枢纽设计方案

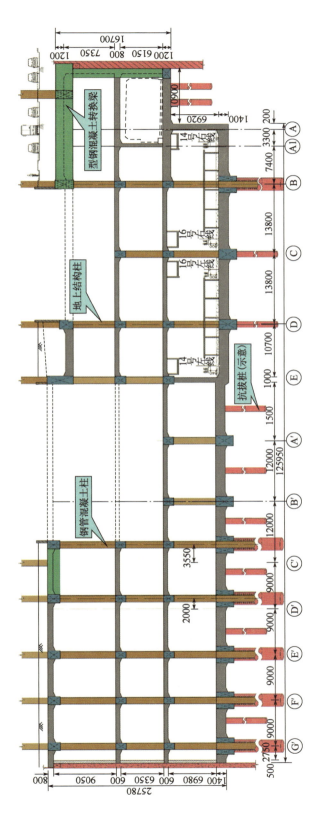

图2-49 车站交通核断面(尺寸单位:mm)

47

车站及交通核材料参数  表2-1

| 项目 | 顶板厚 | 中板厚 | 底板厚 | 侧墙厚 | 中柱 | 顶纵梁 | 中纵梁 | 底纵梁 |
|---|---|---|---|---|---|---|---|---|
| 车站段<br>（mm） | 1100/1200 | 600 | 1400 | 1000 | $\phi1300$,<br>$t=25/40/50$ | $1800\times2000$/<br>$1800\times2200$ | $1300\times1600$/<br>$1300\times1500$ | $2000\times2600$/<br>$2000\times2400$ |
| 交通核段<br>（mm） | 800 | 600 | 1400 | 1000 | $\phi1200$, $t=25$<br>$\phi1300$,<br>$t=25/40/50$ | $1600\times1800$ | $1300\times1500$ | $2000\times2600$ |
| 材料 | C35混凝土，抗渗等级为P8 | C35混凝土 | C35混凝土，抗渗等级为P10 | C35混凝土，抗渗等级为P8/P10 | C50自密实微膨胀混凝土 | C35混凝土，抗渗等级为P8 | C35混凝土 | C35混凝土，抗渗等级为P10 |

### 2.5.3 附属结构设计方案

大运枢纽西侧附属为7号出入口，采用明挖法施工，围护边缘距颐安都会中心小区幼儿园（3层）最小水平净距约为9.7m，其余顶出附属与主体合建。东侧附属为3、4、5、6、7号风亭，1、2、5、6号出入口，风亭布置于既有地铁3号线高架桥下，出入口侧穿桥桩，采用明挖法施工，围护边缘与桥桩净距为1.3~4.9m。其中5号出入口下穿地铁3号线地面层段采用暗挖法施工。附属结构平面图如图2-50所示。

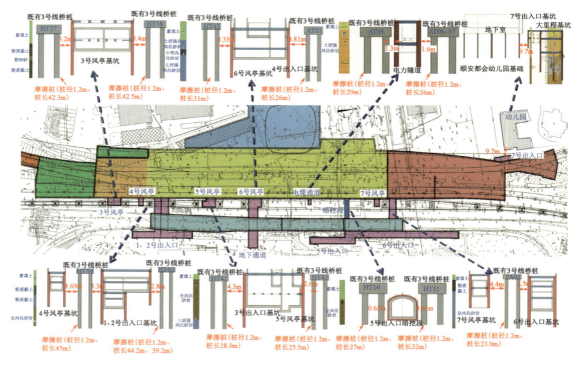

图2-50 附属结构平面图

附属通道局部与下沉隧道共用围护结构,基坑深度为 8.36m,基坑宽度为 7.5m。地层从上至下依次为素填土、粉质黏土、强风化砂岩。基底主要位于强风化砂岩中。围护结构采用 $\phi1000mm@750mm/\phi800mm@600mm$ 钻孔咬合桩(荤素咬合),设置混凝土支撑($0.8m \times 0.8m$)+钢支撑($\phi609mm$)体系,围护桩嵌固深度为 5.2m。附属通道局部与下沉隧道共用围护结构剖面如图 2-51 所示。

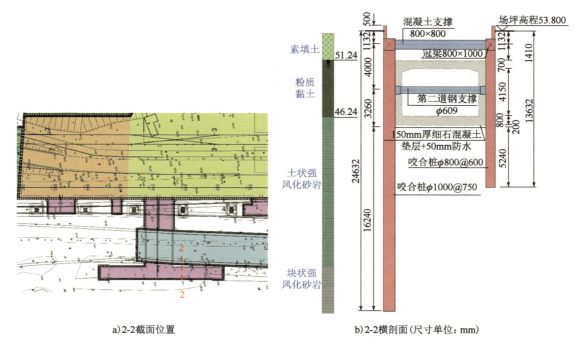

a) 2-2 截面位置　　　　b) 2-2 横剖面(尺寸单位:mm)

图 2-51　附属通道局部与下沉隧道共用围护结构剖面

5 号出入口局部下穿既有地铁 3 号线大运站地面层(人员办公室、室外多联机组),采用暗挖法施工,开挖轮廓与地铁 3 号线大运站桥桩水平最小净距为 0.65m。地层从上至下依次为素填土、全风化砂岩、强风化砂岩。洞身主要位于全风化砂岩。地层加固采用 MJS 水平高压旋喷桩,直径 2200mm,顶部搭设 $\phi108mm$ 大管棚。支护材料与结构尺寸见表 2-2。暗挖法施工段围护结构横剖面如图 2-52 所示。

支护材料与结构尺寸　　　　表 2-2

| 项目 | | 材料及规格 | 结构尺寸 |
| --- | --- | --- | --- |
| 初期支护 | 钢筋网 | $\phi8mm@200mm \times 200mm$(双层) | 拱墙布置 |
| | 喷射混凝土 | C25 网喷混凝土 | 300mm |
| | 格栅钢架 | $H198mm \times 198mm$ | 间距 0.5m |
| | 支护 | 拱部布置 $\phi108mm,t=6mm$ 大管棚 | $L=27.8m$ |
| | 预留变形量 | — | 50mm |
| 二次衬砌 | | C35、P8 防水钢筋混凝土 | 500mm |

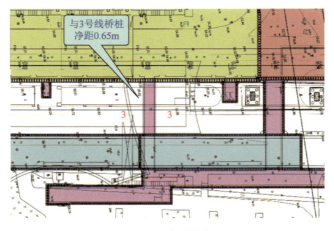

a) 3-3截面位置

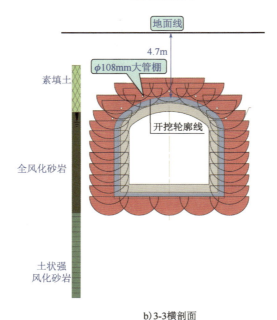

b) 3-3横剖面

图 2-52 暗挖法施工段围护结构横剖面

## 2.6 重难点方案介绍

### 2.6.1 大跨结构方案

转换与非转换段大跨结构如图 2-53 所示。

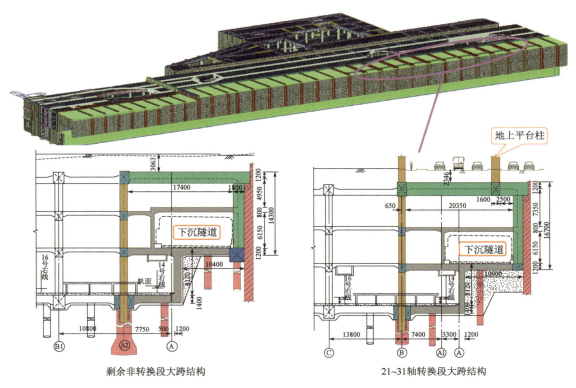

图 2-53 转换与非转换段大跨结构(尺寸单位:mm)

## 1)转换结构段

转换段地面柱距结构侧墙边约为 5.1m,分布于 21~31 轴,共 12 跨。A 柱竖向反力:恒载 + 活载 = 7000kN,B 柱竖向反力:恒载 + 活载 = 20000kN,C 柱竖向反力:恒载 + 活载 = 15050kN,D 柱竖向反力:恒载 + 活载 = 11450kN。转换结构段工况如图 2-54 所示。

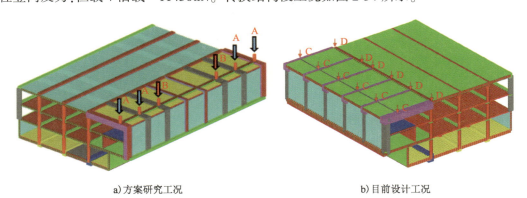

a) 方案研究工况　　　　　　b) 目前设计工况

图 2-54 转换结构段工况

表 2-3 和图 2-55~图 2-60 给出了转换结构段六种设计方案的示意图和优缺点。从安全性、经济性及对使用功能影响综合考虑,方案一(型钢组合梁)与方案六(型钢加腋)较优,根据

目前地面结构荷载,本次设计采用方案一。大运枢纽转换结构段的型钢混凝土梁-柱结构体系如图 2-61 所示。

转换结构段的方案比选　　　　　　　　表 2-3

| 项目 | 方案一 | 方案二 | 方案三 | 方案四 | 方案五 | 方案六 |
|---|---|---|---|---|---|---|
| 描述 | 型钢混凝土梁 | 斜柱＋型钢混凝土梁 | 钢桁架 | 混凝土箱梁 | 钢箱形组合梁 | 型钢混凝土梁加腋 |
| 主梁尺寸 | 宽3m×高2.5m | 宽2m×高2m | 钢桁架总高3m,桁高2.2m | 梁宽 3.5m,梁高 3m | 梁宽 3.5m,梁高 3m | 宽3m×高2.5m |
| 优点 | 受力简单,连接可靠 | 传力直接,梁弯矩大幅度减小,承载能力好 | 重量轻,装配式 | 重量轻 | 组合了结构优点,减少了梁自重 | 受力简单,连接可靠,承载力高 |
| 缺点 | — | 对地下一层室内影响大,连接构造略复杂 | 桁高过小,弦杆受力大,转换柱柱脚节点连接困难 | 梁端节点连接较复杂,配筋量较大 | 梁端节点连接较复杂,挠度相对较大 | 对B1室内略有影响 |

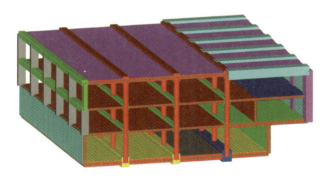

方案一：型钢混凝土梁-柱结构体系

梁柱弯矩(kN·m)(基本组合)

梁柱轴力(kN)(基本组合)

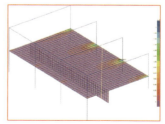
板拉力云图(kN/m)(准永久组合)

图 2-55　型钢混凝土梁-柱结构体系(方案一)

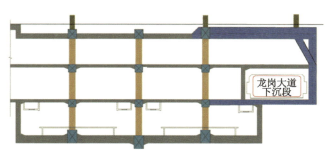

方案二：型钢混凝土斜柱结构体系

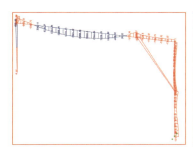
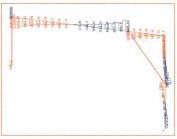
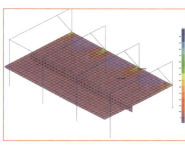

梁柱弯矩(kN·m)(基本组合)　　　梁柱轴力(kN)(基本组合)　　　板拉力云图(kN/m)(准永久组合)

图 2-56　型钢混凝土斜柱结构体系(方案二)

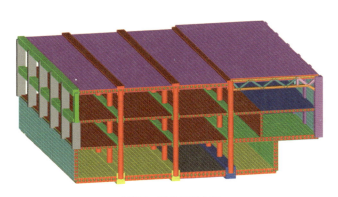

方案三：转换桁架方案

图 2-57　转换桁架方案(方案三)

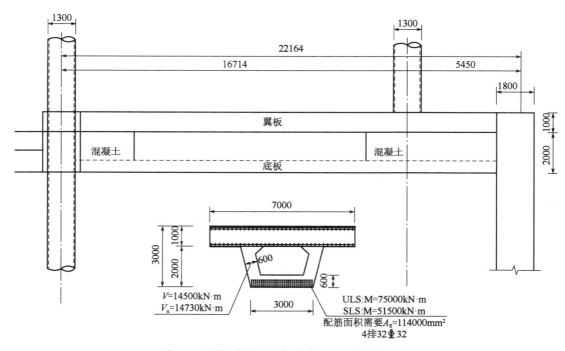

图 2-58 混凝土箱形梁方案(方案四)(尺寸单位:mm)

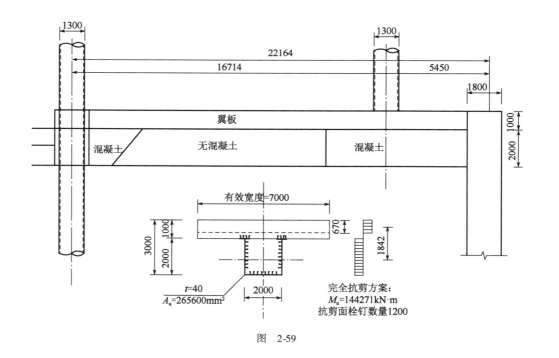

图 2-59

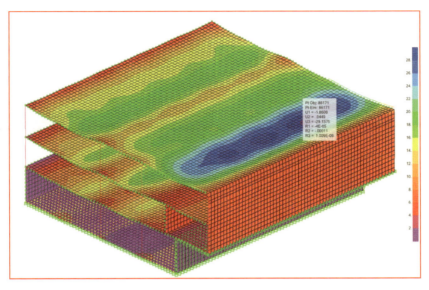

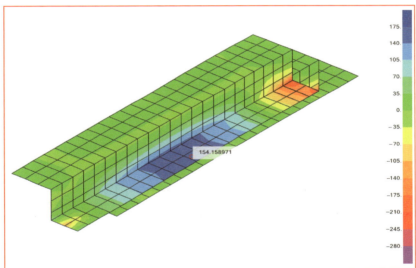

图 2-59　钢箱组合梁方案(方案五)(尺寸单位:mm)

图　2-60

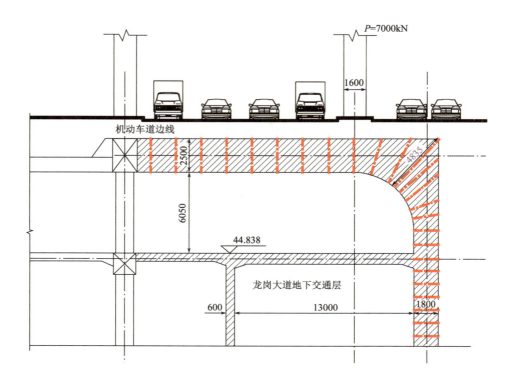

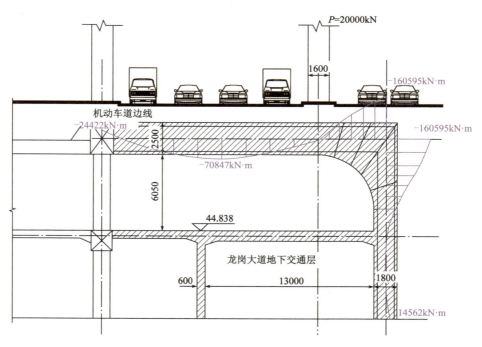

图 2-60 型钢混凝土梁端加腋方案(方案六)(尺寸单位:mm)

# 第2章 大运综合交通枢纽设计方案

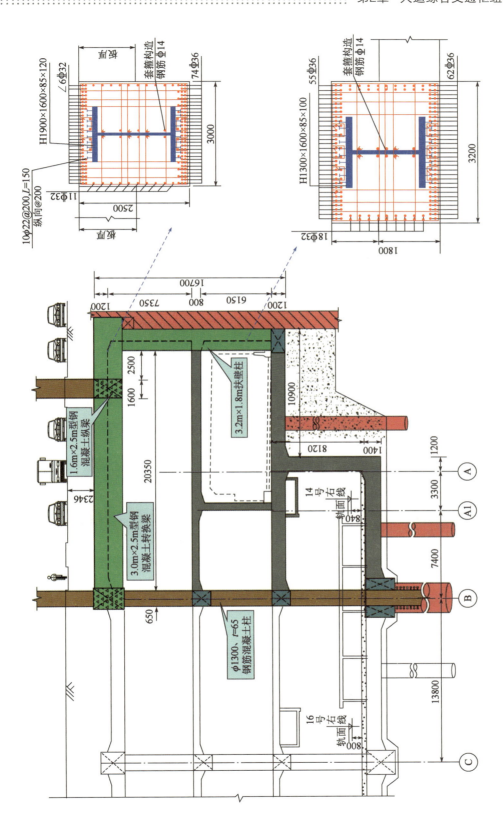

图2-61 大运枢纽转换结构段的型钢混凝土梁-柱结构体系（尺寸单位：mm）

2) 非转换结构段

在非受力转换段,分别建立使用阶段和施工阶段局部模型,进行受力分析,可知非转换段大跨结构施工阶段为受力控制工况(图 2-62)。建立实体元模型与梁壳单元模型,对箱形型钢混凝土组合梁方案和 H 型钢混凝土组合梁进行受力验证和方案比选(图 2-63)。经过对比得出方案 1 比方案 2 的梁弯矩较小,拉力较小、板弯矩较小,压力较大,方案 1 比方案 2 梁内力小约 10%,板弯矩小约 5%(图 2-64、图 2-65)。

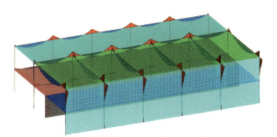
a) 非受力转换段使用阶段的局部模型

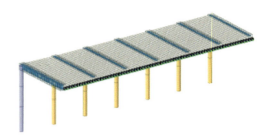
b) 非受力转换段施工阶段的局部模型

图 2-62 非受力转换段局部模型

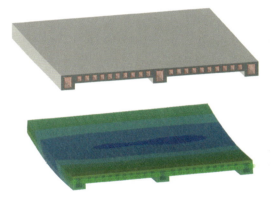
a) 方案1:箱形型钢混凝土组合梁

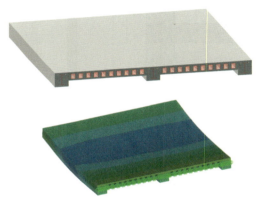
b) 方案2:H型钢混凝土组合梁

图 2-63 两种方案组合梁的数值模型

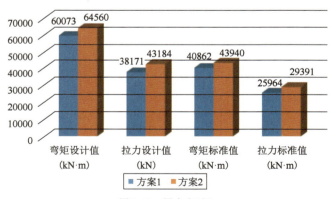

图 2-64 梁内力对比

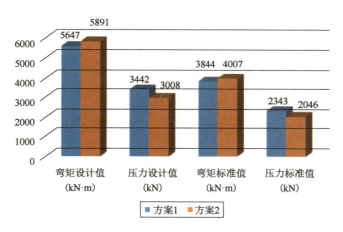

图 2-65　板内力对比

图 2-66 和表 2-4 展示了四种大跨梁板结构设计方案的剖面以及造价、优缺点等。综合造价、施工便利性及承载力需求，推荐采用方案三。采用方案三的大运枢纽非转换结构段如图 2-67 所示。

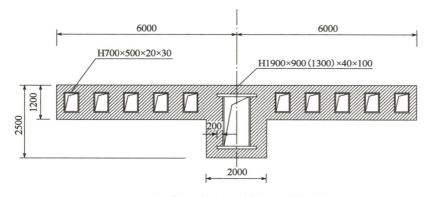

a) 方案一：型钢混凝土梁+型钢混凝土板

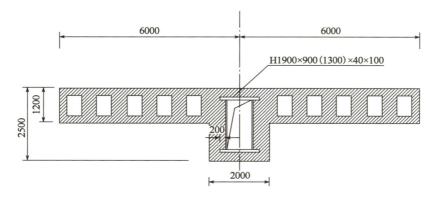

b) 方案二：型钢混凝土梁+空心楼板

图　2-66

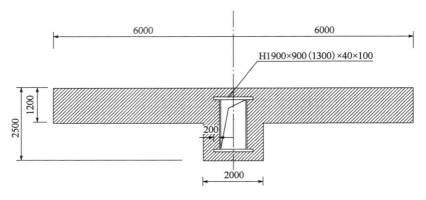

c) 方案三：型钢混凝土梁+实心楼板

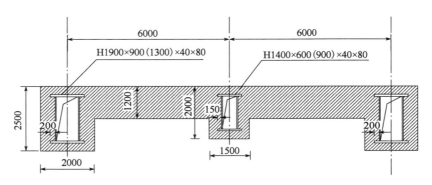

d) 方案四：型钢混凝土梁+型钢次梁

图 2-66　大跨梁板共同比选方案(尺寸单位:mm)

**大跨梁板共同比选方案结果**　　表 2-4

| 编号 | 结构形式 | 优点 | 缺点 |
|---|---|---|---|
| 方案 1 | 型钢混凝土梁 + 型钢混凝土板（初始方案） | 承载力高 | 造价高 |
| 方案 2 | 型钢混凝土梁 + 空心楼板（无型钢） | 造价低 | 箍筋花费未考虑,施工复杂 |
| 方案 3 | 型钢混凝土梁 + 填实混凝土板 | 施工方便,造价合理 | |
| 方案 4 | 增加型钢混凝土次梁 | | 造价偏高 |

# 第2章 大运综合交通枢纽设计方案

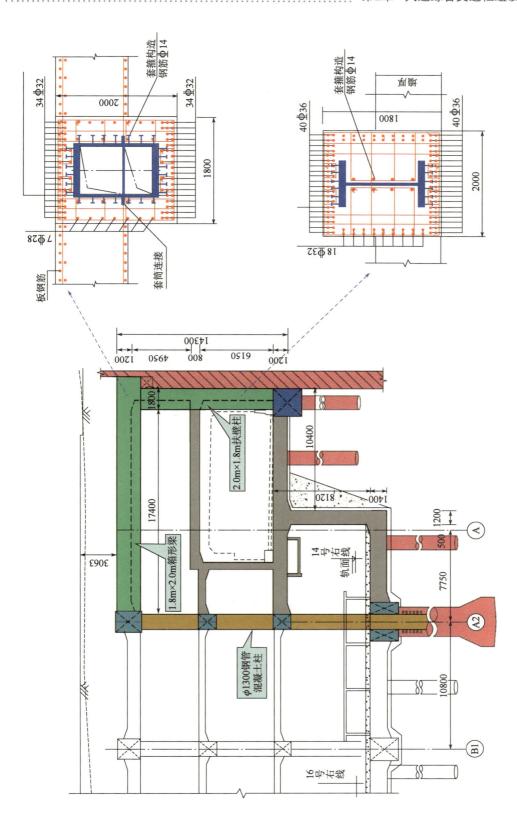

图2-67 大运枢纽的非转换结构段(尺寸单位：mm)

### 2.6.2 岩溶处理

**1) 岩溶分布**

岩溶分布图如图 2-68 所示。I1 区为大里程小阴影部分,范围包括溶洞 R01、R02、R03,均为钻探揭露的溶洞。该区岩溶强发育,形态为溶蚀裂隙、溶洞,溶蚀裂隙范围一般,溶洞较小。溶洞为零星分布,规模相对较小。该区内 3 个孔,均揭示溶洞,钻孔见洞隙率为 100%,属岩溶强发育区。I2 区包括溶洞 R04~R36、R27A、R30A,其中 R07、R13、R25、R31 范围均为一个大溶洞、连通性较好,规模较大,其他溶洞为零星分布,规模相对较小。该区内 34 个孔,有 25 个揭示溶洞,钻孔见洞隙率为 74.5%,属岩溶强发育区。地铁 14 号线左线和 16 号线左右线岩溶分布纵断面如图 2-69、图 2-70 所示,红色区域表示溶洞。

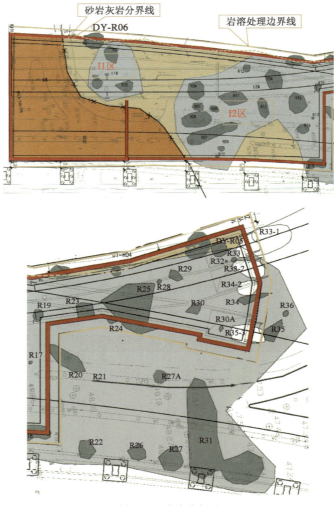

图 2-68 岩溶分布图

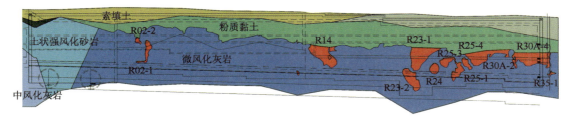

图 2-69 地铁 14 号线左线岩溶分布纵断面图

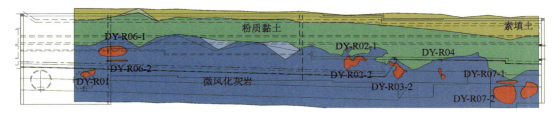

图 2-70 地铁 16 号线左右线岩溶分布纵断面图

2) 岩溶风险分析

岩溶塌陷的内因包括溶洞形态和岩溶地下水运动循环条件等。

(1) 溶洞形态

本次设计范围内钻探物探共揭露溶洞 123 个,其中钻探揭露 51 个,物探揭露 72 个。经判定需处理溶洞 80 个。其中 13 个无充填,1 个半填充,63 个全填充,52 个未知,充填物主要以流~软塑状黏性土,局部为可塑状,少量溶洞充填砂砾及碎石,部分溶洞为空洞。场地发育溶洞平面尺寸大多在 5m 以内,以 2~5m 及大于 5m 洞高为主。

(2) 岩溶地下水运动循环条件

场地地下水主要有三种类型:第一类是第四系松散岩类孔隙水,主要赋存于砾砂层中,分布面积广;第二类是基岩裂隙水,主要赋存于强~微风化砂岩裂隙中,分布面积较小;第三类是岩溶水,赋存于可溶岩的溶洞和溶(裂)隙中,分布面积广,具承压性。区域内主要含水层是岩溶含水层,具承压性,该含水层由石炭系中厚层~厚层灰岩构成。该含水层岩溶强发育,含水丰富。

周边建设活动是岩溶塌陷的外因之一,目前周边建设活动较少,未见明显地面塌陷情况。但地铁建设将产生严重扰动,打破现有岩溶平衡状态。主要存在以下几方面风险:

①周边建筑密集,基坑外无勘探孔,存在勘探盲区,岩溶处理面临较大不确定性、基坑施工期间地面隆沉较大,维稳压力大。

②施工勘探钻孔、桩基施工期间,钻孔引起串珠状溶洞相互连通,疏通岩溶水,加速岩

溶水渗流,导致土层(特别是砂层、软土)、溶洞填充物流失,破坏溶洞稳定性引发塌陷。

③基坑大量抽取地下水,使岩溶水急剧大幅度下降,带走充填物、改变溶洞受力状态,引发塌陷。

④基坑开挖期间可能发生基底冒顶或塌陷,重则引起围护结构失稳。

3) 岩溶处理措施

岩溶处理原则以溶洞预处理为主,先处理后施工。基坑开挖范围内,填充型溶洞无须处理,半填充溶洞和空洞均须填充处理。岩溶处理的原则如图2-71所示。溶洞地面预处理的施工顺序应遵循:施工勘察(探边界、打注浆孔)—溶洞地面预处理—溶洞处理效果检测。溶(土)洞预处理措施应根据施工勘察所揭示的溶洞位置、规模、填充类型及填充物性质,综合考量,选择合理的方式进行处理。

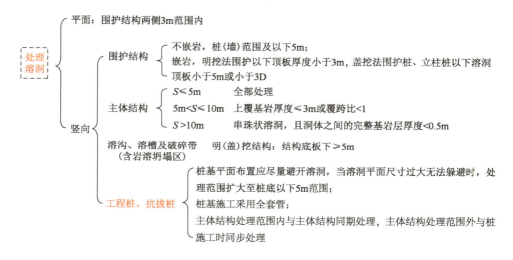

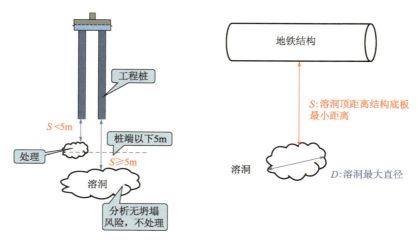

图2-71 岩溶处理原则图

规模较大的半填充、无填充溶洞可采用压注砂浆、填充低强度等级混凝土、吹砂+注水泥浆或填充碎石+注水泥浆等方法进行处理;规模小于2m的半填充或无填充溶洞,采用注水泥浆处理;全填充溶洞一般采用注水泥浆处理,但对于溶洞填充物为流塑状粉质黏土或淤泥的溶洞,也可采用旋喷加固或边抽吸泥土边吹砂灌浆的方式处理。规模较大的溶洞,其范围已超出地铁结构设定的安全限界时,可先在安全限界钻孔,采用速凝浆控制边界,以及减少注浆的范围和注浆量。充填注浆应先摸查溶洞规模,然后进行处理。以填充为目的的溶(土)洞充填注浆效果检查见表2-5。

以填充为目的的溶(土)洞充填注浆效果检查　　　　　　　　　　　表2-5

| 岩溶处理目的 | 处理溶洞位置 | 岩溶处理方法 | 质量检测指标 | 质量检测方法 | 标准 |
|---|---|---|---|---|---|
| 充填要求 | 基坑开挖范围内,围护结构3m范围内 | 充填或充填注浆 | 填充率或密实度 | 标准贯击数 | 标准贯击数 $N \geq 10$ |
| 承载力要求 | 基底以下10m范围内,桩底以下5m范围 | 注浆或充填注浆 | 填充率或密实度 | 标准贯击数/取芯 | 标准贯击数 $N \geq 15$ |

有地基承载力要求的岩溶处理效果检测方法宜以取芯孔法为主,并辅以其他1~2种方法。取芯孔法要求28d以上无侧限抗压强度≥0.2MPa。检查孔施作结束后应对其进行注浆封堵。有地基承载力要求的岩溶处理效果检测见表2-6。

有地基承载力要求的岩溶处理效果检测　　　　　　　　　　　　　　表2-6

| 评定方法 | | 标准 |
|---|---|---|
| 宏观类 | P-q-t 曲线法 | 根据所记录的注浆压力($P$)、注浆速度($q$)、注浆时间($t$)三者之间的关系绘制P-q-t曲线图进行绘制。满足合格标准的注浆孔数量宜大于80% |
| | 涌水量对比法 | 加固目的注浆工程堵水率宜大于80%或止水目的注浆工程宜大于90% |
| | 填充率反算法 | 加固目的注浆工程浆液填充率大于80% |
| 检查孔类 | 取芯孔法 | 溶洞填充注浆结石体采用随机钻孔抽芯法,做抗压试验,要求28d以上无侧限抗压强度≥0.2MPa |
| | 检查孔法 | 检查孔应成孔完整、无涌砂、涌泥现象,出水量小于注浆专项设计要求,且能保持1h以上 |
| | 渗透系数测试法 | 注浆后地层的渗透系数应降低一个数量级,且止水目的的注浆渗透系数宜小于 $5 \times 10^{-5}$ cm/s |
| 过程类 | 直接观察法 | 无水或少水或填充注浆后渗漏水明显减小,变形得到有效控制 |
| | 监测数据判定法 | 通过检测反馈的结果判断注浆加固效果是否达到工程要求 |

4)岩溶处理横断面

部分溶洞剖面如图2-72所示,岩溶情况与处理措施见表2-7。

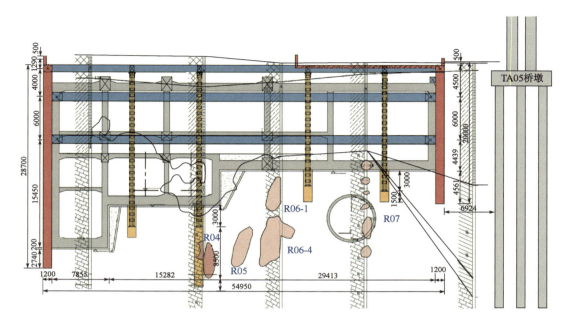

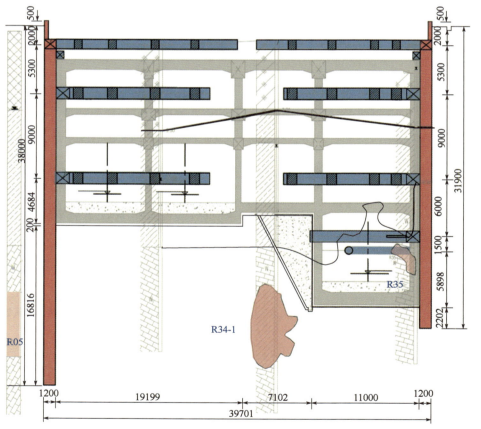

图 2-72 岩溶处理断面图(尺寸单位:mm)

岩溶情况与处理措施　　　　　　　　　　表 2-7

| 溶洞平面图编号 | 溶洞断面图编号 | 充填情况 | 与结构位置关系 | 处理措施 |
|---|---|---|---|---|
| R04 | R04-1 | 全填充 | 基坑范围内，中立柱 3m 范围内 | 注水泥浆 |
|  | R04-2 | 全填充 | 基坑范围内，中立柱 3m 范围内 | 注水泥浆 |
| R05 | R05 | 未知 | 基坑底 5～10m 范围内 | 填充碎石/砂+注水泥浆 |
| R06 | R06-1 | 未知 | 基坑范围内，中立柱 3m 范围内 | 填充碎石/砂+注水泥浆 |
|  | R06-2 | 全填充 | 基坑范围内，中立柱 3m 范围内 | 注水泥浆 |
| R07 | R07-1 | 全填充 | 基坑底 5m 范围内，中立柱 3m 范围内 | 注水泥浆 |
| DY-R05 | DY-R05 | 无填充 | 基坑围护结构 3m 内 | 填充碎石/砂+注水泥浆 |
| R34 | R34-1 | 全填充 | 基坑围护结构 3m 范围内 | 注水泥浆 |
| R35 | R35-1 | 全填充 | 基坑围护结构 3m 范围外 | 不需处理 |

## 2.7 风险分析及措施

### 2.7.1 环境风险分级与处理措施

根据《城市轨道交通地下工程建设风险管理规范》（GB 50652—2011）对本枢纽进行安全风险工程分级划分。本枢纽工程环境风险共 11 项，其中 I 级风险 3 项（既有地铁 3 号线大运站及其前后区间），II 级风险 8 项（含管线），采取措施后风险等级均为 III 级。环境风险总平面如图 2-73 所示，环境风险分级及处理措施见表 2-8。

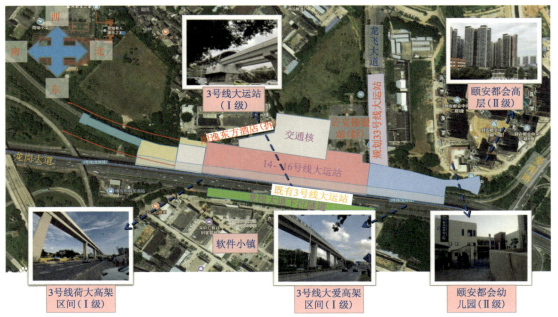

图 2-73　环境风险总平面

环境风险分级及处理措施　　表2-8

| 风险工程名称 | 风险描述 | 风险等级 | 主要风险措施 |
| --- | --- | --- | --- |
| 既有地铁3号线荷坳—大运高架区间、大运站及大运—爱联高架区间 | 1. 位于车站东侧，为既有地铁3号线高架站及其前后高架区间，基坑距离桥梁桩基最近处3.6m；<br>2. 车站基坑邻近荷大区间HT33～HT42号承台、大运站AT01～AT12号承台、大爱区间TA01～TA06号承台；既有桥桩为摩擦桩或端承桩，大运站为站桥合一的整体空间框架受力体系，前后区间为简支梁桥 | Ⅰ | 1. 加强基坑支护刚度，邻近既有桩基侧围护结构采用$\phi1500mm@1150mm$（$\phi1500mm@900mm$）全荤咬合桩加四道混凝土桁架支撑，围护采用全套筒全回旋工艺施工，减小围护桩施工期间对既有桩基的扰动；<br>2. 基坑邻近高架桥20m范围内采用数码雷管微振动控制爆破或机械开挖，高架桥下控制振速为1cm/s；<br>3. 施工前在邻近基坑侧预埋三排注浆管，一排预注浆，两排跟踪注浆；预注浆采用低压注浆，跟踪注浆根据监测结果适时启动；<br>4. 采用自动化监测，施工期间应加强监测，必要时停止施工采用补偿注浆或其他应急措施；<br>5. 制订详细应急预案，根据不同预警情况采取有针对性的措施 |
| 颐安都会中心小区幼儿园 | 地上3层框架结构。基础为桩基础，与7号出入口标准段围护结构最小平面距离为9.7m，与敞口段围护结构最小平面距离为4.8m | Ⅱ | 1. 基坑邻近该建筑20m范围内采用数码雷管爆破开挖或机械开挖，同时控制振速不大于2cm/s；<br>2. 施工期间加强监测，预留注浆管，必要时进行跟踪注浆加固 |
| 颐安都会中心小区高层住宅 | 地上31层剪力墙结构，基础形式为桩基础。与大里程明挖区间围护结构最小平面距离为14.75m | Ⅱ | 1. 基坑邻近该建筑20m范围内采用数码雷管爆破开挖或机械开挖，同时控制振速不大于2cm/s；<br>2. 施工期间加强监测，预留注浆管，必要时进行跟踪注浆加固 |
| 0.8m×0.5m电信管、DN600mm给水管、DN1400mm给水管、DN400mm燃气管、DN800mm雨水管、DN2000mm排水管 | | Ⅱ | 施工期间进行临时改移或悬吊保护，并加强监测 |

### 2.7.2 枢纽自身风险分级与处理措施

根据《城市轨道交通地下工程建设风险管理规范》（GB 50652—2011）对本枢纽进行安全风险工程分级。本枢纽工程自身风险共15项，其中Ⅰ级风险5项，Ⅱ级风险3项，Ⅲ级风险7

项,采取措施后风险等级均为Ⅲ级。枢纽自身风险总平面如图2-74所示,枢纽自身风险分级及处理措施见表2-9。

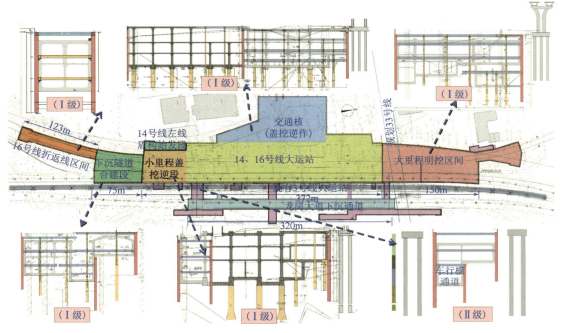

图2-74 枢纽自身风险总平面

**枢纽自身风险分级及处理措施** 表2-9

| 风险工程名称 | 风险等级 | 主要风险措施 |
| --- | --- | --- |
| 地铁14、16号线大运站主体基坑 | Ⅰ | 1. 基坑采用围护桩+内支撑支护方案,加强基坑支护刚度。<br>2. 基坑范围内局部中风化岩层凸起,在邻近建(构)筑物20m范围内区域中风化岩层应采用数码雷管微振动控制爆破,距建筑20～50m范围内区域中风化岩层宜采用微差雷管控制爆破;临时立柱周边2m范围宜采取机械破除或有效控制措施,避免对临时立柱的破坏,盖板钢结构体系周边采取覆盖隔离措施;距离围护结构2m范围内宜采用机械破除,保证围护结构安全和基底嵌岩段的岩石完整性。<br>3. 工程施工必需配置相关仪器与设备边施工边勘探——超前探测,对车站影响范围内溶洞先处理,再施工。<br>4. 分层开挖、及时支撑、严禁超挖,钢支撑应有防脱措施。<br>5. 施工期间加强监控量测,严格控制基坑变形。加强管线附近地表沉降、隆起的监测,如发现超标,及时查明原因。<br>6. 做好防排水措施,施工时做好基坑的监测 |
| 交通核 | Ⅰ | |
| 小里程折返线明挖区间 | Ⅰ | |
| 小里程75m合建段明挖区间 | Ⅰ | |
| 大里程明挖区间 | Ⅰ | |
| 1、2号合建出入口及5、6号合建出入口 | Ⅱ | |
| 7号出入口及3、4、5、6、7号风亭 | Ⅲ | |
| 电力隧道 | Ⅲ | |
| 5号出入口暗挖段 | Ⅱ | 1. 暗挖断面采用MJS水平高压旋喷桩土体预加固,超前支护采用φ108mm大管棚,位于旋喷桩中部,初期支护采用H198mm×198mm格栅钢架+300mm厚喷射混凝土。<br>2. 断面开挖采用上下台阶法,严控施工进度,每次开挖单次进尺不超过0.5m;及时架设钢架,二次衬砌紧跟,尽快封闭断面。<br>3. 加强监控量测,制订应急预案,根据监测结果及时反馈,并修正设计、施工 |

### 2.7.3 邻近既有地铁 3 号线风险处置措施

1)地铁 3 号线大运站(高架站)承台桩基注浆加固

既有地铁 3 号线大运站(高架站)承台桩基注浆加固平面图与断面图如图 2-75、图 2-76 所示。

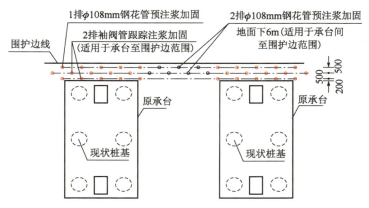

图 2-75　既有地铁 3 号线大运站(高架站)承台桩基注浆加固平面图(尺寸单位:mm)

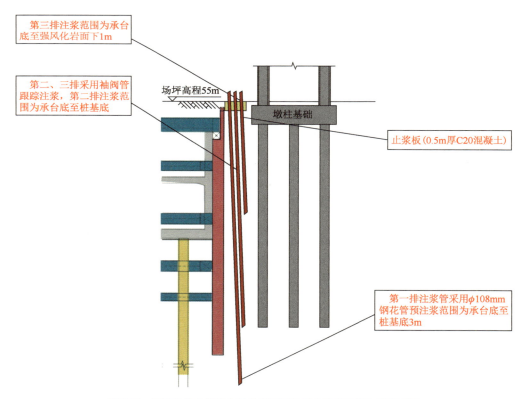

图 2-76　既有地铁 3 号线大运站(高架站)承台桩基注浆加固断面图

2）地铁 3 号线荷坳—大运高架区间承台桩基注浆加固

既有地铁 3 号线荷坳—大运高架区间承台桩基注浆加固平面图与断面图如图 2-77、图 2-78 所示。

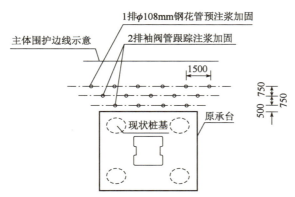

图 2-77　既有地铁 3 号线荷坳—大运高架区间承台桩基注浆加固平面图（尺寸单位：mm）

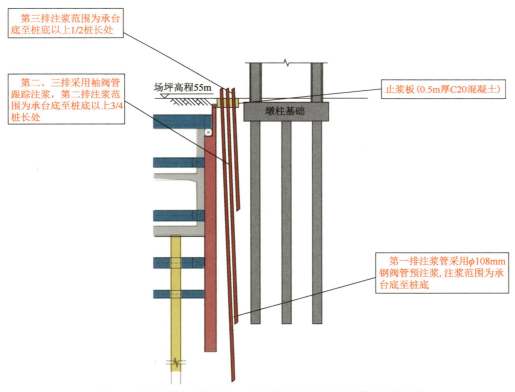

图 2-78　既有地铁 3 号线荷坳—大运高架区间承台桩基注浆加固断面图

3）地铁 3 号线大运—爱联高架区间承台桩基注浆加固

既有地铁 3 号线大运—爱联高架区间承台桩基注浆加固平面图和断面图如图 2-79、图 2-80 所示。

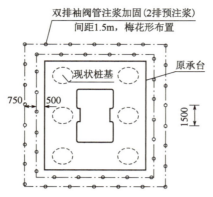

图2-79 既有地铁3号线大运—爱联高架区间承台桩基注浆加固平面图(尺寸单位:mm)

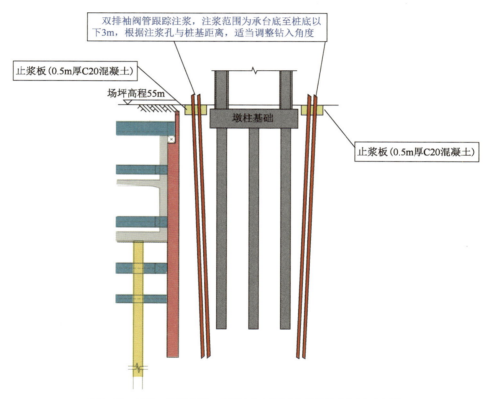

图2-80 地铁3号线大运—爱联高架区间承台桩基注浆加固示意图

## 2.7.4 监控量测

加强施工期间主体基坑支护结构及周边环境的施工监测,根据监测数据指导施工。在既有地铁3号线结构上布置沉降、位移及倾斜监测点,同时利用自动化对既有地铁3号线轨面、轨距进行监测。既有地铁3号线高架监测布点如图2-81所示,结构变形监测控制指标见表2-10。

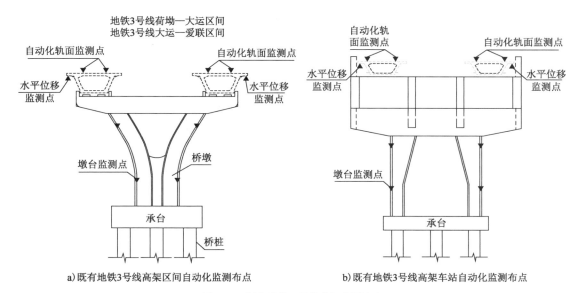

图 2-81 既有地铁 3 号线高架监测布点

结构变形监测控制指标一览表　　　　　表 2-10

| 序号 | 监测项目 | 预警值（60%） | 警戒值（80%） | 控制值 |
|---|---|---|---|---|
| 1 | 道床变形 | 2.4mm/10m | 3.2mm/10m | 4.0mm/10m |
| 2 | 左右轨道差异沉降 | 2.4mm | 3.2mm | 4.0mm |
| 3 | 三角坑 | 2.4mm/18m | 3.2mm/18m | 4.0mm/18m |
| 4 | 扭曲变形 | 2.4mm/6.25m | 3.2mm/6.25m | 4mm/6.25m |
| 5 | 轨距 | +1.8mm，-1.2mm | +2.4mm，-1.6mm | +3mm，-2mm |
| 6 | 道床脱空量 | 3mm | 4mm | 5mm |
| 7 | 地铁3号线高架桥面、底层柱、桥墩水平、竖向位移 | 3mm | 4mm | 5mm |
| 8 | 桥墩竖向差异沉降 | 3mm | 4mm | 5mm |
| 9 | 地下水位 | 300mm/d | 400mm/d | 500mm/d |
| 10 | 岩、土体深层水平位移 | 12mm | 16mm | 20mm |

## 2.7.5 应急措施

1）做好施工应急预案

基坑开挖期间应配备必要的设备及材料，例如注浆机、水泵、袖阀管、砂包、水泥、速凝剂及钢管等，并应备一定数量的抢险人员、指挥人员在现场值班。

2）围护结构水平位移过大

可采取围护结构外侧卸载、坑内停止挖土作业，在基坑内围护结构前堆码砂石袋，坑底注浆或设多排树根桩,增设内支撑,在坑底围护结构前打设多排旋喷桩加固被动区。

3) 地表沉降过大

结合基坑监测数据进行分析,如属于水土流失原因,则可在基坑围护桩外注浆隔水,同时采取回灌措施;如属围护结构刚度不足,则对围护结构系统进行补强,如增设内支撑或打设旋喷桩加固被动区等。

4) 既有线桥梁结构沉降、倾斜过大

立即停止坑内降水和施工挖土,加强对既有桥梁结构的监测,根据监测数据对结构基础进行跟踪注浆加固,直至结构沉降、倾斜数据稳定为止,并通知监理、设计、业主及地铁既有线运营部门等各有关单位,结合基坑监测数据研讨处理方案。

5) 流沙、涌土或坑底隆起失稳

立即停止坑内降水和施工挖土,可进行回灌、堆料反压。待管涌、流沙事故停止后,再采用压浆、被动区加固等有效方法处理。

# 第3章

# 大运站改造工程实施方案

## 3.1 工程概述

大运城市综合交通枢纽位于横岗街道办和龙城街道办交汇处,龙岗大道与龙飞大道交叉口南侧,距离龙岗中心城约5km,福田中心区25km。现状为既有地铁3号线的大运站,规划地铁14号线(四期)、16号线(四期)和33号线(中深惠)在此站换乘,形成4条轨道线路换乘的枢纽站。地铁3号线大运站原貌如图3-1所示。

图3-1 地铁3号线大运站原貌

大运枢纽主体造型为"湾区之舞",整体形态飘逸轻盈,雨棚采用空间桁架钢结构,屋面呈双坡双曲扇面弯曲相贯状态,雨棚面板主要采用氟碳喷涂铝板+采光板,结构及装饰造型新颖,加工及安装精度高,设计、建造实施挑战性大,大运站改造后鸟瞰图如图3-2所示。大运站改造后的三维模型和工程周边环境模拟概况分别如图3-3和图3-4所示。

图 3-2　大运站改造后鸟瞰图

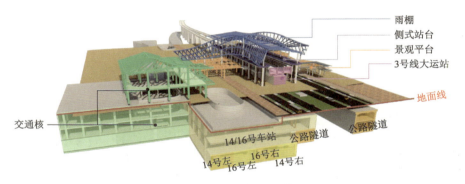

图 3-3　大运站改造后三维模型

图 3-4　周边环境

景观平台结构形式为钢框架+钢筋桁架楼承板(组合楼板),景观平台如图 3-5 所示。站台层柱网的平行线路方向柱距 12m;西侧平台垂直线路方向柱距 44.3m,东侧平台 25m;景观平台面积 9000m²,质量约 2000t。

站台结构形式为钢框架+钢筋桁架楼承板(组合楼板),侧式站台如图 3-6 所示。站台层柱网的平行线路方向柱距 12m;东侧站台独柱两边分别悬挑 5.7m,6.3m;站台面积 2200m²,质量约 750t。

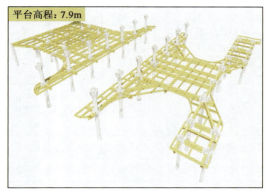

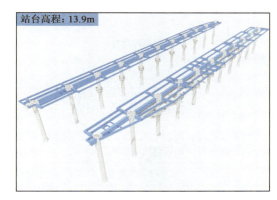

图 3-5　景观平台

图 3-6　侧式站台

屋面雨棚结构形式为扭曲空间桁架结构,屋面雨棚及其结构布置如图 3-7 和图 3-8 所示。屋面雨棚主要由顶棚主钢梁及次梁组成,主钢梁截面主要为圆管、方管及铸钢件节点组成,次梁截面为倒梯形,材质均为 Q390GJC,面积 11500m²,质量约 5400t。新建交通核(地上部分)质量约 2400t。雨棚结构布置如图 3-8 所示。吊装单元及数量和主梁参数见表 3-1 和表 3-2。

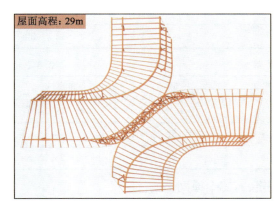

图 3-7　屋面雨棚

图 3-8　结构布置图

①主桁架分段吊装;②中拼单元分件吊装;③主梁单件吊装;④次梁单件吊装

**吊装单元及数量** 表3-1

| 部位 | 类别及吊装方式 | 构件编号 | 最大长度（m） | 最大重量（t） | 数量（根） |
|---|---|---|---|---|---|
| 雨棚 | 主桁架分段吊装 | WG2ZL-4、WG1ZL-5、WG1ZL-4 | 52 | 144 | 3 |
| | 中拼单元分件吊装 | WG2z-5、WG2z-6、WG2z-7、WG1ZL-6、WG1ZL-7、WG1ZL-8 | 15.8 | 33.9 | 6 |
| | 主梁单件吊装 | WG2ZL-1~WG2ZL-3，WG2ZL-8~WG2ZL-21，WG1ZL-1~WG1ZL-3，WG1ZL-9~WG1ZL-18 | 33.8 | 30.5 | 30 |
| | 次梁单件吊装 | WGL2CL-1~WGL2CL109，WGL1CL-1~WGL1CL-92 | 27 | 12.08 | 201 |
| | 雨棚钢柱单件钢柱 | GZ-1~GZ-16 | 12.4 | 9.8 | 16 |
| | Y形柱单件吊装 | SCZ-1~SCZ-12 | 17.6 | 25.6 | 12 |
| | 合计 | | | | 268 |
| 西侧站台平台 | 钢柱单件吊装 | X1Z-1~X1Z-21 | 9.6 | 28 | 21 |
| | 平台钢梁单件吊装 | X1L1-1~X1L1-238 | 17.5 | 18.3 | 238 |
| | 站台钢梁单件吊装 | X2L1-1~X2L1-84 | 12 | 8.6 | 84 |
| | 合计 | | | | 343 |
| 东侧站台平台 | 钢柱单件吊装 | D1Z-1~D1Z-24 | 9.6 | 32 | 24 |
| | 平台钢梁单件吊装 | D1L1-1~D1L1-274 | 26 | 30 | 274 |
| | 站台钢梁单件吊装 | D2L1-1~D2L1-108 | 12 | 10.1 | 108 |
| | 合计 | | | | 406 |

**主梁参数** 表3-2

| | 序号 | 构件编号 | 长度(m) | 重量(t) |
|---|---|---|---|---|
| 主梁参数 | 1 | WG2ZL-4 | 16.68 | 29 |
| | 2 | WG1ZL-5 | 52 | 144 |
| | 3 | WG1ZL-4 | 18 | 33 |

根据既有地铁3号线实际情况及相关部门规定，有三个原则：

原则一：既有地铁3号线客流疏解原则为"不少于两个出入口"。该原则指在正常运营状态下，必须保证既有地铁3号线大运站不少于两个出入口才能满足消防及疏散要求。故只要施工周期处在运营状态下，必须遵循该原则，考虑客流正常疏解直至正式出入口启用为止。

原则二:龙岗大道交通疏解原则为"上行下行都不少于4个车道"。该原则指在施工期间,必须保证龙岗大道上行不少于4个车道才能满足该主干道的交通流量要求。故在施工过程中必须考虑龙岗大道交通正常疏解直至正式道路启用为止。

原则三:既有地铁3号线需天窗点施工范围为"对运营线设备有影响或者需人员进入轨行区的施工内容"。由于本工程性质为既有高架地铁车站改造,很多施工内容将与既有车站在平面和空间上有交叉,有侵限及影响设备的风险,故需根据相关文件,编制"安全防护方案""既有线施工方案""危大工程施工方案"等,报相关部门审批及备案,申请天窗点施工,以确保既有车站安全。

施工重难点包括外部协调、运营线施工、夜间施工、钢结构安装和资源组织等五部分。

1)外部协调

本工程牵涉到既有地铁大运站改造和龙岗大道交通疏解,根据既有地铁大运站运营状态不少于2个客流出入口和龙岗大道上下行各不少于4个车道的设置原则,临时出入口等拆改导改工作的外部协调难度大,不可控因素多。

2)运营线施工

本工程吊装、焊接等高空作业多,存在大量邻近和跨越营运线作业。移动防护棚安装拆除和既有地铁3号线改造等关键线路工作均在天窗点内作业,有效作业时间短,安全风险高,社会影响大。

3)夜间施工

工程地处龙岗大道繁华地段,周边住宅小区和商铺密集,夜间施工持续时间长,各类噪声源数量多,环境控制维稳压力大,需要取得周边群众和政府行政管理部门的理解支持。

4)钢结构安装

本工程钢结构造型新颖独特,主要构件均为非标准构件,钢结构主龙骨为空间扭曲桁架结构,需跨越既有线上空进行精确对位合龙,临时支撑布置困难,受温度、风力等客观因素影响显著,加工精度要求高,屋面结构线形和变形控制技术含量高,安装难度大。

5)资源组织

东西侧可用施工场地狭长,吊装作业及钢结构预拼装场地需求大,材料周转场地尤其东侧作业区域极为有限,同时各个工作面立体穿插施工多,资源精确调配组织困难,材料需多次转运。

## 3.2 施工部署

总体部署遵循"安全第一,确保开通"的原则,以施工及运营安全为实施导向,保证地铁 14 号、16 号线 2022 年 12 月 28 日开通节点与既有地铁 3 号线换乘为工期主线,集中优势资源连续作业,充分压缩关键线路持续时间,按照"先结构、后机电、再装饰、多平行、多穿插、少流水"的原则进行专业及分区组织。运营组织的开通优先确保地铁 3 号线既有岛式站台与地铁 14 号、16 号线实现开通换乘,力争实现地铁 3 号线新建侧式站台与地铁 14 号、16 号线实现开通换乘。总平面分区及总体施工顺序如图 3-9 ~ 图 3-15 所示。

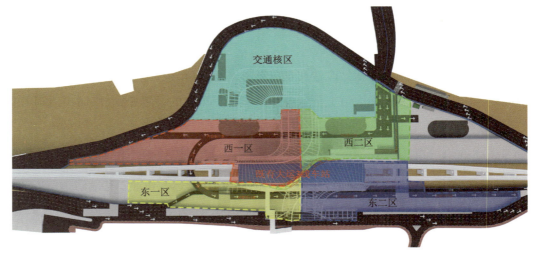

图 3-9 总平面分区

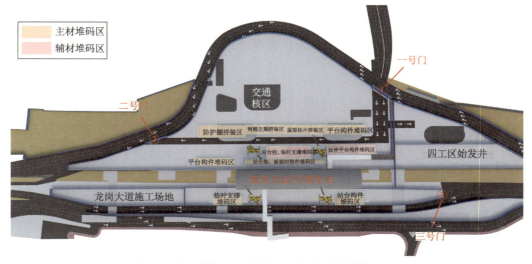

图 3-10 第一阶段(东、西侧站台和移动防护棚拼装施工)

第3章 大运站改造工程实施方案

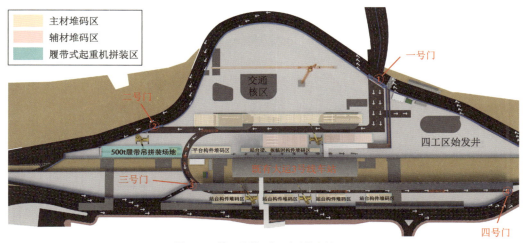

图3-11 第一阶段(东、西区站台施工)

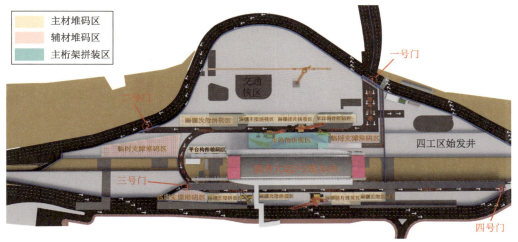

图3-12 第二阶段(屋面雨棚吊装施工)

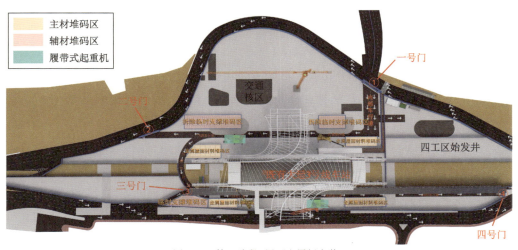

图3-13 第三阶段(屋面金属板安装)

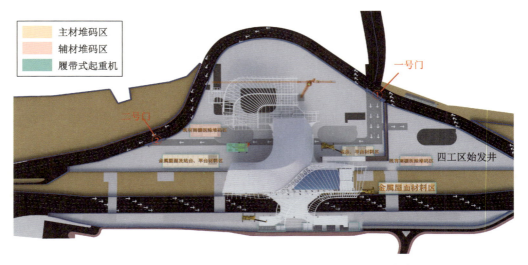

图 3-14 第四阶段(既有雨棚拆除、站台加宽及站台、平台安装装修)

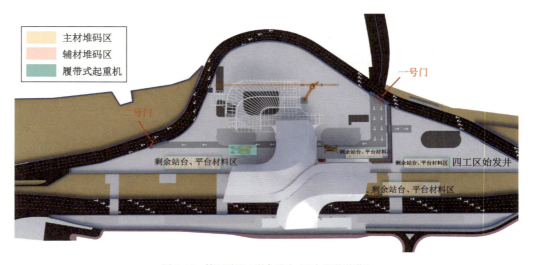

图 3-15 第五阶段(剩余站台、平台安装装修)

第一阶段:大运枢纽上盖部分包含大运站改造和交通核,按照地下结构施工及场地移交顺序,先进行大运站西侧出入口 C 的新建导改和西侧站台施工,后进行东侧出入口 A 的新建导改和东侧站台施工。

第二阶段:侧式站台结构施工完成后,从站房大小里程两端向中央平行同步进行雨棚屋盖结构施工,同时穿插施工东西侧站房景观平台层。

第三阶段:全部上盖钢结构体系转换完成后开始金属屋面安装,先施工轨行区上方金属屋面,再进行既有大运站雨棚拆除,最后进行常规机电、装饰安装施工。

第四阶段:交通核地下结构施工完成后,地下常规机电、装饰安装与地上钢结构、幕墙安装平行施工。

第五阶段：大运站改造和交通核完成后分别组织子单位进行工程验收，客流疏解区域与地铁14号、16号线同步组织开通验收。

站台和雨棚结构阶段吊点布置示意图和具体工作如图3-16、图3-17和表3-3、表3-4所示。

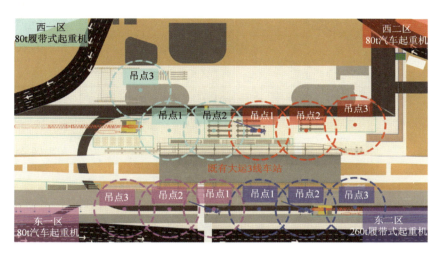

图3-16 站台结构阶段吊点布置

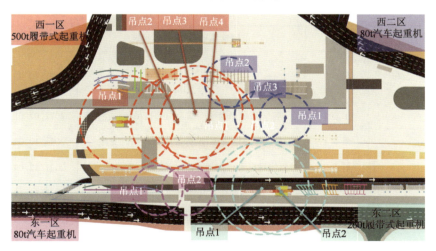

图3-17 雨棚结构阶段吊点布置

站台结构阶段吊点布置具体工作 　　　　　　　　　　　　　　表3-3

| 编号 | 规格型号 | 吊点 | 工作内容 | 工作时间 |
|---|---|---|---|---|
| 1 | 80t | 吊点1 | 东侧站台柱、梁板及临时支撑 | 2021.08.12~2021.08.17 |
|  |  | 吊点2 | 东侧站台柱、梁板及临时支撑 | 2021.08.18~2021.08.24 |
|  |  | 吊点3 | 东一区延伸平台 | 2021.09.10~2021.09.19 |

续上表

| 编号 | 规格型号 | 吊点 | 工作内容 | 工作时间 |
|---|---|---|---|---|
| 2 | 260t | 吊点1 | 东侧站台柱、梁板及临时支撑 | 2021.08.12～2021.08.17 |
| | | 吊点2 | 东侧站台柱、梁板及临时支撑 | 2021.08.18～2021.08.24 |
| | | 吊点3 | 东二区延伸平台 | 2021.09.10～2021.09.19 |
| 3 | 80t | 吊点1 | 西侧站台柱、梁板及临时支撑 | 2021.06.05～2021.06.08 |
| | | 吊点2 | 西侧站台柱、梁板及临时支撑 | 2021.06.09～2021.06.12 |
| | | 吊点3 | 西二区延伸平台 | 2021.06.26～2021.07.05 |
| 4 | 80t | 吊点1 | 西侧站台柱、梁板及临时支撑 | 2021.06.05～2021.06.08 |
| | | 吊点2 | 西侧站台柱、梁板及临时支撑 | 2021.06.26～2021.07.05 |
| | | 吊点3 | 西一区延伸平台 | 2021.06.26～2021.07.05 |

雨棚结构阶段吊点布置具体工作　　　　　　　　　　　　表3-4

| 编号 | 规格型号 | 吊点 | 工作内容 | 工作时间 |
|---|---|---|---|---|
| 1 | 80t | 吊点1 | 东一区站台雨棚柱、分段主梁及临时支撑 | 2021.10.14～2022.10.27 |
| | | 吊点2 | 东侧景观平台雨棚柱、梁吊装 | 2021.12.28～2022.01.02 |
| | | 吊点1 | 东扇三环梁骨架吊装 | 2022.01.03～2022.01.17 |
| 2 | 260t | 吊点1 | 东侧景观平台柱、梁板吊装 | 2021.12.28～2021.12.31 |
| | | 吊点2 | 东二区站台雨棚柱、分段主梁及临时支撑，二环、三环一区梁骨架吊装 | 2021.10.02～2021.11.29 |
| | | 吊点1 | 东扇剩余屋面梁及雨棚柱吊装 | 2022.01.01～2022.02.04 |
| 3 | 80t | 吊点1 | 西二区站台雨棚柱、分段主梁及临时支撑 | 2021.10.02～2021.10.12 |
| | | 吊点2 | 西侧景观平台框架梁柱结构、临时支撑吊装 | 2021.12.09～2021.12.17 |
| | | 吊点3 | 西侧剩余三环梁骨架及雨棚柱 | 2021.12.18～2022.01.09 |
| | | 吊点1 | 东扇四环梁骨架吊装 | 2021.10.13～2021.12.26 |
| 4 | 500t | 吊点1 | 防护台车吊装 | 2021.09.30～2021.10.01 |
| | | 吊点2 | 西一区站台雨棚柱、分段主梁及临时支撑 | 2021.10.02～2021.11.08 |
| | | 吊点3 | 主桁架梁分段吊装 | 2021.11.09～2021.11.14 |
| | | 吊点4 | 西扇剩余三环、二环、一环梁骨架及雨棚柱、临时支撑及西侧平台剩余框架吊装 | 2021.11.15～2022.02.09 |

## 3.3 施工流程

### 3.3.1 施工工法

单件吊装施工工法、中拼单元分件吊装施工工法、主桁架梁分段吊装施工工法、移动防护棚整体吊装施工工法、既有雨棚分段滑移吊装拆除施工工法和屋面金属板带式梯级流水施工工法如图 3-18~图 3-23 所示。

a) 站台框架梁吊装

b) 站台框架柱吊装

c) 屋面雨棚次梁吊装

d) 屋面雨棚圆管主梁吊装

图 3-18 单件吊装施工工法

a) 地面拼装成件

b) 分件吊装

图 3-19 中拼单元分件吊装施工工法

a) 主桁架梁地面拼装

b) 主桁架梁第一段吊装

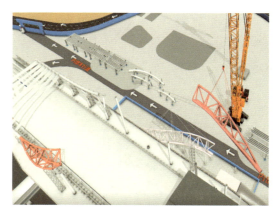
c) 主桁架梁第二段吊装

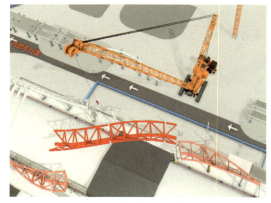
d) 主桁架梁第三段吊装

图 3-20 主桁架梁分段吊装施工工法

第3章 大运站改造工程实施方案

图 3-21 移动防护棚整体吊装施工工法

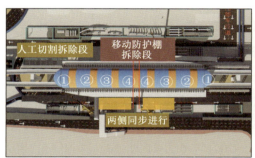
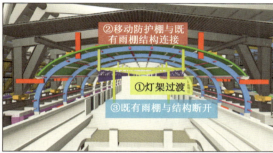
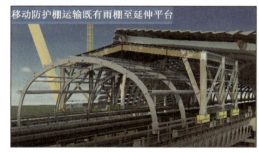
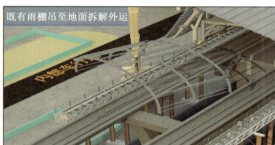

图 3-22 既有雨棚分段滑移吊装拆除施工工法

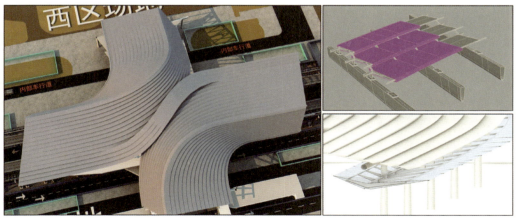

图 3-23 屋面金属板带式梯级流水施工工法

屋面工程按照建筑外形条带状、上下梯级式的金属铝板安装,造型柔顺唯美。同时,由于建筑外形独特新颖,屋面金属板均为异形板,需要根据 BIM 模型(建筑信息模型)制作,现场采用带式梯级流水施工工法施工。

### 3.3.2 施工步骤

将整个实施过程划分为九个步骤:

(1)步骤一:西区站台施工,西区延伸平台施工。计划时间:2021 年 6 月 1 日~2021 年 7 月 15 日。

此步骤分八个阶段完成:第一阶段轨行区防护隔离:防护网,约 240m 长,两个工作面,每个工作面每天 20m,需 6d(图 3-24)。第二阶段西区柱脚开挖(2021 年 6 月 1 日~2021 年 6 月 4 日,4d):共 11 根,3 个/d,共 4d(图 3-25)。第三阶段移动防护棚反支撑、站台柱、站台反支撑、站台梁板(2021 年 6 月 5 日~2021 年 6 月 9 日,5d):10 跨,每跨 13 吊(柱及反支撑 4 吊,梁 9 吊,焊缝 42m),13 吊/d;结构梁板 10 跨,1 跨/d/工作面;2 个工作面(图 3-26)。第四阶段站台柱混凝土浇筑(2021 年 6 月 13 日~2021 年 6 月 16 日,4d):站台柱 11 根,3 根/d,1 个工作面。第五阶段站台板钢筋绑扎(2021 年 6 月 17 日~2021 年 6 月 21 日,5d):共 10 跨,2 跨/d,1 个工作面。第六阶段站台板混凝土浇筑(2021 年 6 月 22 日~2021 年 6 月 23 日,2d):10 跨,5 跨/d,1 个工作面。第七阶段站台移动防护棚轨道施工(2021 年 6 月 24 日~2021 年 6 月 28 日,5d):10 跨,5 跨/d,1 个工作面(图 3-27)。第八阶段西区延伸平台施工(2021 年 6 月 7 日~2021 年 7 月 15 日,39d):延伸平台两侧钢管支撑共 8 组,1 组/d;贝雷片共 8 组,2 组/d;轨道系统共 8 组,1 组/d(图 3-28)。步骤一的施工区域平面图如图 3-29 所示。

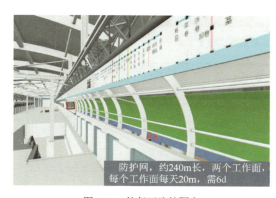

图 3-24 轨行区防护隔离

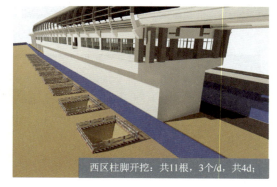

图 3-25 西区柱脚开挖

(2)步骤二:东区站台施工,西区延伸平台施工。计划时间:2021 年 8 月 1 日~2021 年 9 月 29 日。前置条件:2021 年 7 月 30 日东区站台区域工作面移交,满足东区站台施工要求;2021 年 8 月 30 日东区工作面全部移交(除东区平台两个出入口区域)。此步骤分以下三个阶段完成:

第3章 大运站改造工程实施方案

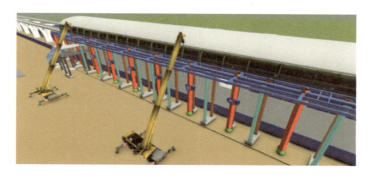

图 3-26　移动防护棚反支撑、站台柱、站台反支撑、站台梁板、结构梁板

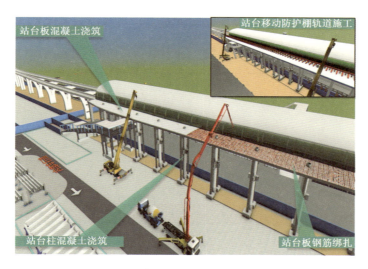

图 3-27　步骤一的第四、五、六、七阶段

图 3-28　西区延伸平台施工

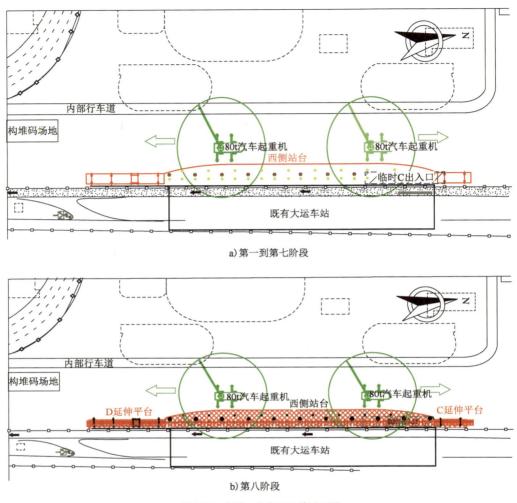

a) 第一到第七阶段

b) 第八阶段

图 3-29 步骤一的施工区域平面图

第一阶段站台基础、结构及站台、移动防护棚反支撑安装施工(2021年8月1日～2021年9月4日,35d)。移动防护棚反支撑、站台反支撑基础施工(穿插出入口拆除5d):共22根,挖基础及浇筑垫层10个/d,共3d,砖胎模3d,钢筋绑扎、混凝土浇筑3d,养护2d;移动防护棚反支撑、站台柱、站台反支撑:10跨,每跨13吊(柱及反支撑4吊,梁9吊,焊缝42m),13吊/d;站台结构梁板施工:10跨,2跨/d,2个工作面;站台结构柱混凝土浇筑(检测时间同步):站台柱11根,3根/d,1个工作面;站台板钢筋绑扎:共10跨,2跨/d,2个工作面;站台板混凝土浇筑:10跨,5跨/d,1个工作面。第二阶段站台移动防护棚轨道施工(2021年9月5日～2021年9月9日,5d)。120m轨道,每段12m,每天2段(图3-30)。第三阶段东区延伸平台施工(2021年9月10日～2021年9月29日,20d)。延伸平台两侧钢管支撑共8组,1组/d;贝雷片共8组,2组/d;轨道系统共8组,2组/d(图3-31)。步骤二的施工区域平面图如图3-32、图3-33所示。

# 第3章 大运站改造工程实施方案

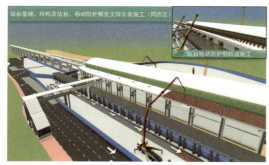

图 3-30 步骤二第一、二阶段施工图

图 3-31 东区延伸平台施工

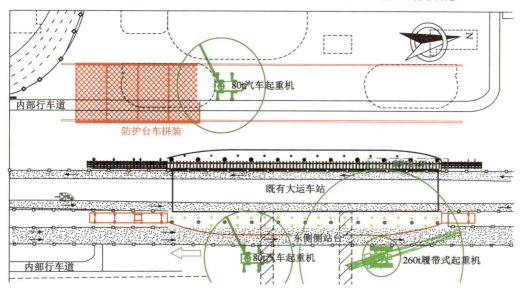

图 3-32 步骤二第一、二阶段施工区域平面图

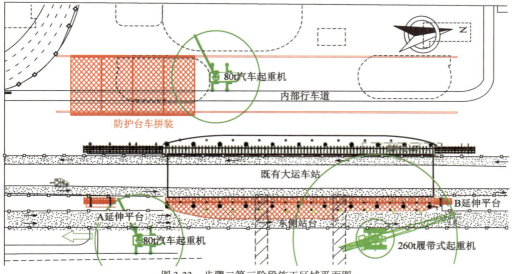

图 3-33 步骤二第三阶段施工区域平面图

（3）步骤三：景观平台施工。计划时间为东区景观平台：2021年11月30日~2021年12月27日；西区景观平台：2021年11月15日~2021年12月8日。此步骤分为以下三个阶段。

第一阶段东区景观平台结构施工（待东区雨棚柱及临时支撑完成后开始，2021年11月30日~2021年12月27日，28d）。平台梁、柱吊装：柱3根，梁77根，柱3根/d，梁7根/d；平台柱混凝土浇筑：吊装过程中浇筑1d；平台板混凝土浇筑：流水作业，楼承板2d+钢筋4d+混凝土1d+养护7d（图3-34）。第二阶段西区景观平台梁柱吊装（2021年11月15日~2021年12月8日，24d），如图3-35所示。第三阶段景观平台剩余结构施工（2022年7月18日~2022年8月10日，34d），如图3-36、图3-37所示。

图3-34　东区景观平台梁柱吊装

图3-35　西区景观平台梁柱吊装

图3-36　东区景观平台剩余结构施工

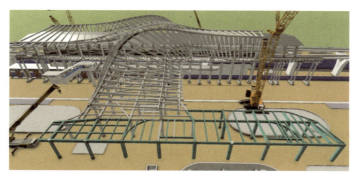

图 3-37　西区景观平台剩余结构施工

（4）步骤四：雨棚钢结构施工。计划时间为西一区：2021 年 10 月 2 日~2022 年 2 月 9 日；西二区：2021 年 10 月 2 日~2022 年 1 月 9 日；东一区：2021 年 10 月 2 日~2022 年 1 月 17 日；东二区：2021 年 10 月 2 日~2022 年 2 月 4 日。此步骤分为以下三个阶段。

第一阶段：雨棚临时支撑吊装（2021 年 10 月 2 日~2021 年 10 月 9 日，8d）：柱 20 根，4 台起重机，1 根/d/台，加 1d 流水固定。第二阶段：雨棚临时支撑吊装（2021 年 10 月 10 日~2021 年 10 月 17 日，8d）：57 根临时支撑，四台起重机，3 根/d（图 3-38）。第三阶段：雨棚主桁梁、主梁、次梁分区安装（2021 年 10 月 18 日~2022 年 2 月 9 日，115d）：西区共 26 段主梁、114 段次梁，主桁梁 3 段；东区共 22 段主梁、100 段次梁；主梁和次梁 1 段/d，主桁梁为 6d，中间段吊装需技术性停运 3d（图 3-39~图 3-43）。

图 3-38　第一、二阶段施工图

图 3-39　东西区雨棚结构吊装

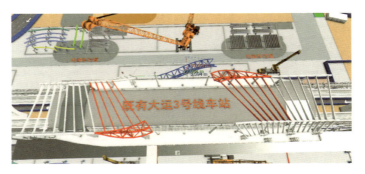

图 3-40 轨行区次梁及主桁梁两端吊装

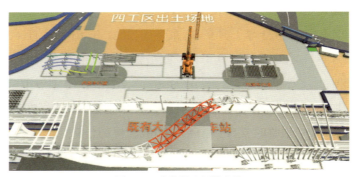

图 3-41 主桁梁中间段合拢

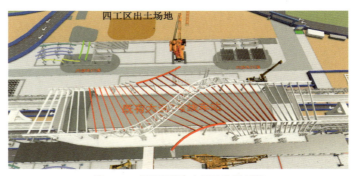

图 3-42 东西区剩余主梁及次梁吊装

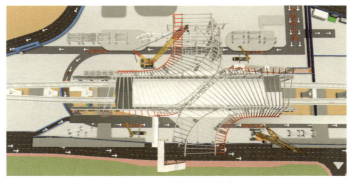

图 3-43 悬挑段次梁安装

(5)步骤五:雨棚屋面板安装及装修。计划时间为轨行区雨棚面板安装:2022年2月28日~2022年5月28日;非轨行区雨棚面板安装:2022年5月7日~2022年7月13日。此步骤分为以下八个阶段。

第一阶段雨棚主体钢结构、钢底座复核并修正BIM模型数据:①由主体钢结构施工单位提供钢结构竣工验收的测量坐标值,检查坐标值与模型偏差;②抽样检查总包坐标值是否与现场吻合;③如果现场有预应力索、张拉杆、支撑构造,还要待预应力撤离稳定后进行二次复核;④现场实测最好一个工作面内完整输出,不宜分段分批多次进行。第一阶段的目的是对主体结构形变位移进行把控,确认现场结构是否与模型一致,这决定了能否按模型施工,如果形变较大,会增加后面施工工序和时间成本(图3-44)。

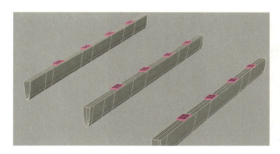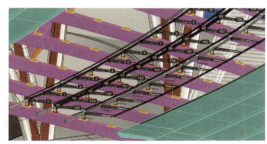

图3-44 雨棚主体钢结构、钢底座复核并修正BIM模型数据

第二阶段转接件、圆管主龙骨、次龙骨放线定位。模型提取放线定位点坐标,然后现场在主体结构找定位基准点并标记(每次重新架设仪器都要重新选几个定位点进行复核校验,确保仪器坐标系准确性),定位顺序:主体结构定位基准点→钢架转接件→主立柱/单榀架→次龙骨/水平通杆→面板(图3-45)。

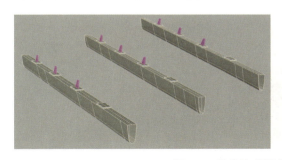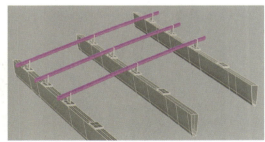

图3-45 转接件、圆管主龙骨、次龙骨放线定位

第三阶段转接件、圆管主龙骨、次龙骨安装(图3-46)。1:1大样现场安装如图3-47所示。在造型变形最大处选连续几块分格试装龙骨和面板以检验龙骨安装便利性、测试现场定位偏差、观察面板起翘效果。根据试装效果重新确定合适的便利定位点和定位尺寸。同时输出图纸、定位坐标、定位尺寸、加工参数等。

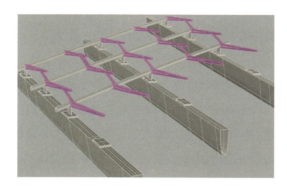
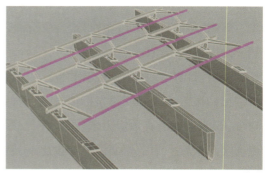

图 3-46 转接件、圆管主龙骨、次龙骨安装

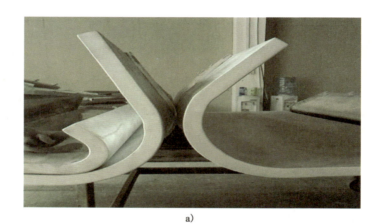

a)

b)

c)

图 3-47 1∶1 大样现场安装

第四阶段飘带、水槽龙骨安装。雨棚屋面板安装顺序分区如图 3-48 所示。轨行区龙骨安装共 1200 个连接件,20 个/组/d,两人一组,上 20 人;共 3860m 圆管龙骨,60m/组/d,每组

4人,上20人;共12000m方管角铁,160m/组/d,一组2人,上20人;共2158个三角方龙骨,15个/组/d,每组2人,上30人。非轨行区龙骨安装共659个连接件,20个/组/d,两人一组,上20人;共2594m圆管龙骨,60m/组/d,每组4人,上20人;共6200m方管角铁,160m/组/d,一组2人,上20人;共1450个三角方龙骨,15个/组/d,每组2人,上20人。

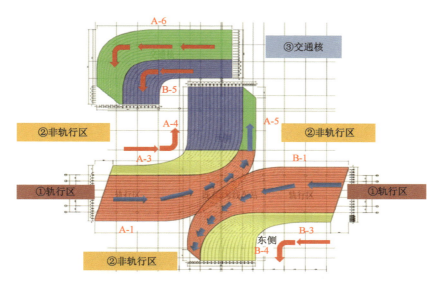

图3-48 雨棚屋面板安装顺序分区示意图

第五阶段异形铝板BIM模型三维下料场外加工(图3-49)。

图3-49 异形铝板BIM模型三维下料场外加工

第六阶段底板、异形铝板、玻璃岩棉、防水铝板安装(图3-50)。轨行区面板及附属安装:下口铝板共6400m²,32m²/组/d,4人一组,上10组;吸音棉共6100m²,100m²/组/d,2人一组,上10人;防水铝板共6100m²,50m²/组/d,4人一组,上10组;上口铝板共6400m²,32m²/组/d,4人一组,上10组。非轨行区面板及附属安装:下口铝板共4300m²,32m²/组/d,4人一组,上

10组;吸音棉共4096m²,100m²/组/d,2人一组,上10人;防水铝板共4096m²,50m²/组/d,4人一组,上10组;上口铝板共4300m²,32m²/组/d,4人一组,上10组。

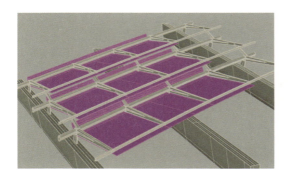
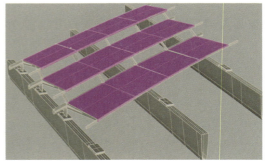

图3-50　底板、异形铝板、玻璃岩棉、防水铝板安装

第七阶段飘带、水槽铝板安装(图3-51)。水沟钢连接件共1120个,20个/组/d,2人一组,上10人;不锈钢水槽共215m²,20m²/组/d,2人一组,上4人;铝单板装饰共3150m²,20m²/组/d,3人一组,上24人;屋面飘带钢连接件共300个,20个/组/d,2人一组,上10人;飘带铝板共2860m²,20m²/组/d,4人一组,上20人(图3-52)。

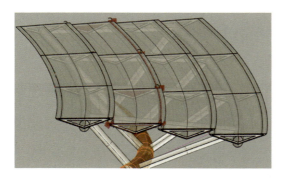
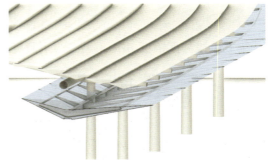

图3-51　飘带、水槽铝板安装

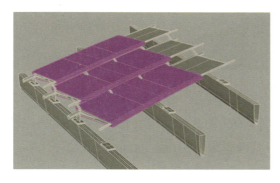
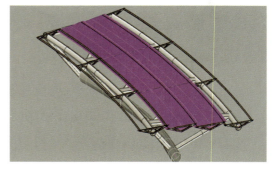

图3-52　上盖铝面板飘带、水槽铝板安装

第八阶段透明采光板安装和细部打胶收口(图 3-53)。

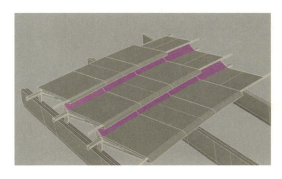
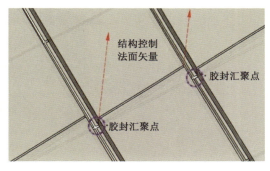

图 3-53　透明采光板安装和细部打胶收口

(6)步骤六:既有雨棚、移动防护棚拆除,轨道系统、延伸平台拆除。计划时间为既有雨棚、防护棚拆除:2022 年 5 月 29 日~2022 年 6 月 17 日;轨道系统拆除:2022 年 6 月 18 日~2022 年 7 月 17 日;侧式站台加宽:2022 年 6 月 18 日~2022 年 7 月 7 日。

第一阶段既有雨棚及移动防护棚拆除(2022 年 5 月 29 日~2022 年 6 月 17 日,20d),如图 3-54 所示。首先灯架过渡,灯具桁架 240m,临时灯具支架 20 副,天窗点隔天 1 个;两个工作面,每天转换 6m,共需 20 个天窗点。然后进行既有雨棚与移动防护棚连接和结构的断开,共 42 个断开点,4 个人,1 个断点/人/天窗,天窗隔天 1 个,共 2 个移动防护棚,1 个/d。

图　3-54

图 3-54　既有雨棚及移动防护棚拆除施工模型

第二阶段轨道系统及反支撑拆除（2022 年 6 月 18 日～2022 年 7 月 17 日，30d）。

第三阶段延伸平台拆除（2022 年 7 月 18 日～2022 年 7 月 31 日，14d）。移动防护棚轨道梁拆除：共 240m，两个工作面，12m/节，完成 1 节/d/工作面，天窗隔天 1 个；延伸平台拆除：2 个工作面，天窗隔天 1 个（图 3-55）。

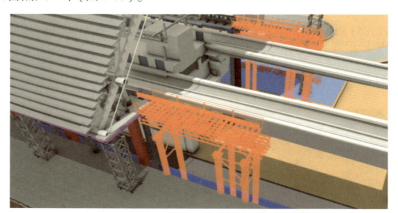

图 3-55　侧式移动防护棚轨道梁及延伸平台拆除

步骤六的施工平面图如图 3-56 所示。

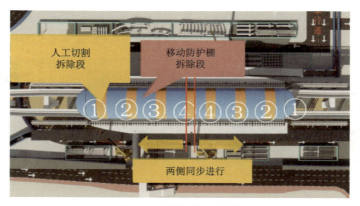

图 3-56　步骤六施工平面图

(7)步骤七:既有岛式车站站厅部分改造及客流疏解。计划时间:2022年7月18日~2022年8月25日。包括站厅外墙拆除及站厅部分改造(2022年8月11日~2022年8月25日,15d),如图3-57、图3-58所示;景观平台客流通道地面铺贴及装饰(2022年8月12日~2022年8月25日,14d);闸机、安检及其他系统安装(2022年8月12日~2022年8月25日,14d)。

图3-57 站厅外墙拆除　　　　　　图3-58 站厅改造

(8)步骤八:侧式站台及平台安装装修(图3-59)。计划时间:2022年7月8日~2022年10月25日。具体包括侧式站台灯桁架制作安装,管线、设备安装(2022年7月8日~2022年8月16日,40d);侧式站台地面常规设备及管线安装(2022年7月18日~2022年8月12日,26d);地面铺装装修(2022年7月19日~2022年8月17日,30d);外围玻璃栏杆、分区栏杆、柱面装饰(2022年8月18日~2022年9月1日,27d);屏蔽门安装、调试(2022年7月8日~2022年12月25日,110d);垂梯、扶梯安装及调试(2022年7月8日~2023年10月10日,95d);侧式站台及平台设备单机、综合调试(2022年9月6日~2022年10月25日,50d)。

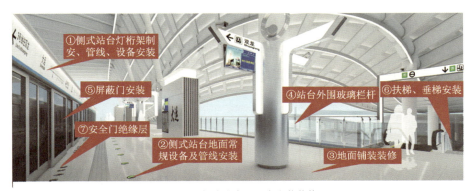

图3-59 侧式站台及平台安装装修

(9)步骤九:既有岛式车站改造(图3-60)。计划时间:2023年2月28日~2023年9月30日。具体包括拆除站台层既有灯架及管线设备,安装新灯具桁架及管线布设(2023年3月15日~2023年4月13日,30d);拆除站台地面铺装及地面管线,进行新地面铺装及布设管线(2023年4月14日~2023年5月23日,40d);拆除站台旧屏蔽门,安装站台新屏蔽门(2023年3月

19日~2023年7月16日,120d);站台墙面饰面,安装站台栏杆、栏板(2023年5月4日~2023年5月23日,20d);拆除站厅层墙面、吊顶、设备房、地面管线设备、装饰面层(2023年3月15日~2023年5月13日,60d);安装站厅层新墙面、吊顶、设备房、地面管线设备及装饰面层(2023年5月14日~2023年7月12日,60d);站台、站厅设备单机调试及综合联调(2023年7月23日~2023年9月30日,70d)。

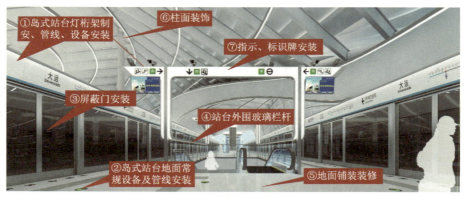

图 3-60　既有岛式站台改造

## 3.4　项目重点工作

### 3.4.1　主桁梁吊装

1) 主桁梁现场拼装

拼装工艺流程:使用计算机进行三维坐标放样→铺设路基箱(调平、加固)→胎架放线→拼装胎架→主弦杆的吊装定位→测量构件各节点三维坐标→校正(加固)→腹杆的吊装→三维坐标定位及加固→焊接作业→焊缝检测→构件尺寸核验→校正→"三检制"验收→涂装→检验。主桁梁位置与现场拼装示意图如图3-61和图3-62所示。

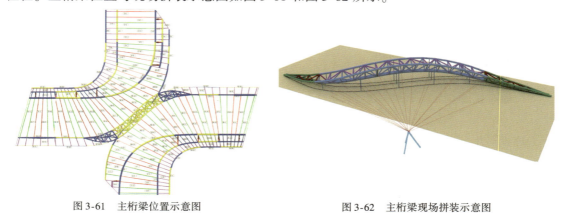

图 3-61　主桁梁位置示意图　　　　图 3-62　主桁梁现场拼装示意图

## 2）主桁梁现场吊装

主桁梁的吊装工况和现场吊装示意图如表 3-5 和图 3-63 所示。吊装流程如下：

(1) 施工模拟。拼装阶段通过胎架整体拼装，在左右段主桁梁拼装完成后，将中间段主桁梁胎架拆除至安装就位状态，提前模拟安装完成工况的变形状态。

(2) 试吊。起重作业前需进行试吊，确保实际工况与施工模拟一致。

(3) 左右段主桁梁吊装。先将左右段主桁梁吊装就位，并完成左右段主桁梁与两侧圆管主梁之间的次梁安装，形成稳定结构单元，同时在主桁梁分段点处设置临时支撑，保障主桁梁稳定性满足要求。

(4) 中间段主桁梁吊装。起钩后离地面 50cm 悬停 10min，详细检查吊点、钢丝绳及变形情况。

(5) 合拢固定。对六个管口对接位置数据进行精确测量，完成主桁梁嵌补段复核，确保安装一次就位。

主桁梁吊装工况　　　　　　　　　　表 3-5

| 名称 | 构件重量（t） | 吊装设备 | 吊装半径（m） | 仰角（°） | 额定荷载（t） | 负载率（%） |
|---|---|---|---|---|---|---|
| 主桁梁左段吊装（小里程） | 29 | 500t 履带式起重机 78m 主臂超起工况 | 42 | 57 | 98 | 29.59 |
| 主桁梁中段吊装 | 144 | 500t 履带式起重机 78m 主臂超起工况 | 25 | 71 | 185 | 77.84 |
| 主桁梁右段吊装（大里程） | 33 | 500t 履带式起重机 78m 主臂超起工况 | 32 | 71 | 131 | 25.19 |

图 3-63　主桁梁现场吊装示意图

## 3）吊装机械

500t 履带式起重机和移动反支撑示意图如图 3-64 和图 3-65 所示。

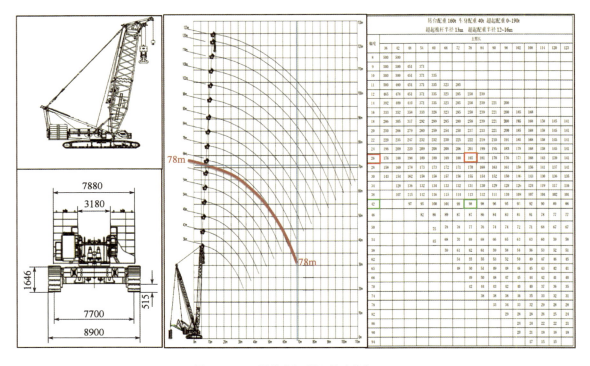

图 3-64　500t 履带式起重机(尺寸单位:mm)

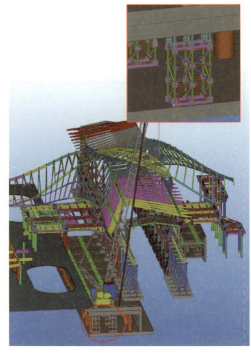

图 3-65　移动反支撑

## 3.4.2 屋面金属板施工

屋面整体造型较为复杂,每条造型由逐渐变化和旋转而成(图3-66),每块铝板构件和龙骨为扭曲面,且每一块铝板的尺寸不一,共计规格上千种。铝板加工难度高,铝板加工不能采用传统的设备。需建立数据结构和数据标识,管理每个板块设计信息和定位参数,通过结构化数据建立唯一编号,包括下料、加工、包装、运输等信息。拟合作两家智能数控厂家,定制加工、分任务生产满足工期要求。屋面面层材料曲弧多变,大部分呈现双曲形状。施工测量放线采用三维定位坐标法(图3-67)和曲面幕墙流线支距法。运用计算机模拟技术,对屋面各点位进行三维坐标控制点数据分析,进行二维平面和一维高程分离,施工时通过平面二维确定定位点的平面坐标方位,运用全站仪、激光仪、水准仪垂直传递和高程测量,确定屋面三维空间施工定位点,完成幕墙施工测量放线和施工安装板块三维空间精确定位。

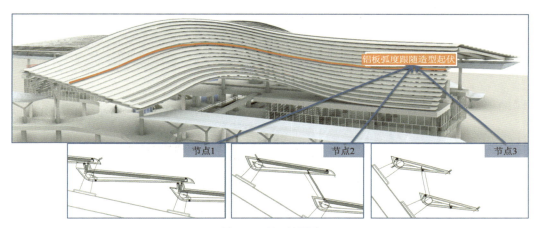

图3-66 屋面效果图

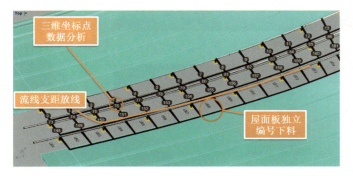
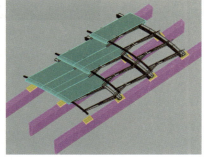

图3-67 三维坐标法

## 3.4.3 既有雨棚拆除

既有雨棚现状如图3-68所示。施工方法:既有雨棚拆除,利用移动防护棚从两端分段进行,其中人工切割段含面板清理和管件拆除。拆除工艺流程:既有雨棚分段→人工切割段切除清理→既有雨棚与移动防护棚连接→既有雨棚桁架下口与结构切割分离→移动防护棚运输既有雨棚滑移至延伸平台(图3-69)→固定既有雨棚桁架下口(图3-70)→移动防护棚向站内滑移→起重机将既有雨棚吊运至地面拆解外运(图3-71)→继续以上步骤继续拆除下一段。

图3-68 既有雨棚现状图

图3-69 移动防护棚运输既有雨棚至延伸平台

图3-70 既有雨棚桁架底部采用工装固定

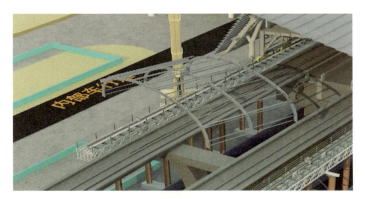

图 3-71　既有雨棚吊至地面拆解外运

## 3.4.4　外部协调支持

### 1）噪声污染防治

通过研究本工程各阶段施工情况及现场踏勘，本项目在施工过程中产生的噪声源主要为混凝土罐车起动及搅拌，振动棒振捣，焊渣剔打，履带式起重机、汽车起重机吊装及回转，冲击钻、切割机、磨光机使用及钢结构吊装人工精调敲击。噪声源调查见表 3-6。监测点的布设原则如下：

（1）施工噪声监控点布设在邻近的建设工程施工场界且对噪声敏感建筑物影响较大、距离较近的位置，避开施工场地进出主干道或进出口。

（2）应设置在围挡安全范围内，噪声在线监测仪户外传声器应高于围挡高度大于 1.2m，应与其他设备或建筑反射面距离 1m 以上。

（3）当与其他建设工程施工区域相邻时，不宜在施工区域的相邻边界外设置监测点。监测点的位置不宜轻易变动，以保证监测的连续性和数据可比性。

（4）本工程在西北侧靠近居民小区围挡处均匀设置 3 个监测点，在东侧靠近软件小镇围挡处设置 2 个监测点，具体位置如图 3-72 所示。

噪声源调查表　　表 3-6

| 序号 | 噪声源 | 使用的施工阶段和用途 | 入场时间 | 正常工况运行时设备外 5m 的声压级 |
|---|---|---|---|---|
| 1 | 混凝土泵车起动及搅拌 | 景观平台、站台混凝土浇筑 | 2021 年 8 月～2022 年 11 月 | 65dB |
| 2 | 振动棒振捣 | 景观平台、站台混凝土浇筑 | 2021 年 8 月～2022 年 11 月 | <75dB |
| 3 | 焊渣剔打 | 钢结构施工阶段 | 2021 年 6 月～2022 年 4 月 | 70dB |
| 4 | 履带式起重机、汽车起重机吊装及回转 | 钢结构施工阶段 | 2021 年 6 月～2022 年 4 月 | 60dB |

续上表

| 序号 | 噪声源 | 使用的施工阶段和用途 | 入场时间 | 正常工况运行时设备外5m的声压级 |
|---|---|---|---|---|
| 5 | 冲击钻、切割机、磨光机使用 | 混凝土拆除、钢结构施工阶段 | 2022年4月 | 80dB |
| 6 | 钢结构拼装校正 | 钢结构施工阶段 | 2021年6月~2022年4月 | 80dB |

图 3-72 噪声监测点布设

## 2）外部协调事宜

外部协调事宜见表3-7。

外部协调事宜　　　　　表3-7

| 序号 | 主管单位（部门） | 需协调事宜 | 情况说明 | 计划完成时间 |
|---|---|---|---|---|
| 1 | 住建局 | 提前介入申请 | 需大运枢纽分批合同签订后才能上报申请 | 2021年5月15日 |
| 2 | 住建局 | 施工许可证 | 与站前单位共用；缺工程规划许可证和建设用地许可证 | 2021年5月30日 |
| 3 | 地铁集团 | 地铁安保区方案审查 | 需地铁集团组织有关主管部门参加，减少方案审查次数 | 2021年4月20日 |
| 4 | 地铁集团 | 地铁安保区开工条件审查及施工许可证办理 | 过程中加强与地铁集团主管部门沟通，争取多现场办公 | 2021年5月20日 |
| 5 | 地铁集团 | 运营线施工安全协议、配合费保证金缴纳 | 加强与主管部门的沟通，提前办理 | 2021年5月20日 |

续上表

| 序号 | 主管单位（部门） | 需协调事宜 | 情况说明 | 计划完成时间 |
|---|---|---|---|---|
| 6 | 深铁建设集团 | 首件(关键工序)验收 | 需施工许可证;需施工图会审和设计交底 | 2021年5月25日 |
| 7 | | 现场管控 | 需配备值班业主代表;变形监测单位确定;第三方检测 | |
| 8 | | 钢结构推进 | 尽快考察钢结构厂家,便于尽快与厂家签订合同安排生产 | 2021年4月10日 |
| 9 | 地铁运营中心 | 过站/停站方案的比选 | 沟通运营中心明确过站/停站方案的利弊,争取最有利的施工方案 | 2021年5月15日 |
| 10 | 地铁维修中心 | 运营线施工作业人员及管理人员培训取证 | 加强与主管部门的沟通,提前办理 | 2021年5月15日 |
| 11 | 环保局 | 夜间施工许可 | 编制噪声污染防治专项方案降低夜间噪声,请求尽量延长夜间施工时间 | 作业前5d |
| 12 | 交通运输局 | 占道施工手续 | 前期加强沟通获得最有利于施工的疏解方案;提前沟通大型钢结构车辆进场占道问题 | 与站前单位共用 |
| 13 | 设计院 | 设计图纸 | 大运枢纽钢结构、屋面、机电安装图纸出图,需图纸会审和设计交底 | 2021年5月25日 |
| 14 | | 交通导改方案 | 需确认交通导改方案并核算费用 | 2021年5月20日 |
| 15 | | 临时措施 | 需确定临时措施方案并核算费用 | 2021年5月20日 |
| 16 | 公交公司 | 公交接驳 | 提前沟通公交公司明确过站/或停站公交接驳的需求 | 2021年4月20日 |
| 17 | 行管部门 | 燃气保护、市政管网保护、电力和通信管网保护 | 改造工程为地上工程,不涉及上述管网 | 与站前单位共用 |
| 18 | 监理单位 | 值班监理 | 需配备权限足够且数量齐全的值班监理 | |
| 19 | | 临时报批报验手续 | 存在临时需要监理单位签订浇筑令、吊装令、验收等情况 | |

## 3.5 保障方案

### 3.5.1 组织保障措施

1)钢结构原材料采购及进厂安排

(1)成立原材料采购督导组,由五局建筑公司物贸分公司经理担任组长,亲自与钢板供应商对接。

(2)公司预备充足资金确保钢板原材料正常采购及生产。

(3)由项目部派驻厂人员到供应商仓库,每天对发货进行督促和监督。

2)钢构件加工

(1)公司及项目部提前预备资源余量,必要时进行任务分批,确保钢构件加工排产满足现场进度需要。

(2)由项目部派驻有经验的驻厂技术人员,进行质量和进度的检查督导。

(3)聘请外部专家组对钢构件厂进行指导生产、构件预拼及质量检查复核。

(4)项目班子领导与加工厂签订责任包保,与个人绩效考核挂钩,按月考核。

3)构件运输及发货匹配

(1)要求加工厂必须签订两家以上物流公司,确保运输车辆充足。项目部再单独签订一家物流公司,以防加工厂与物流公司出现扯皮现象,能及时补位。

(2)加工厂发货期间,加工单位就图纸、构件编号、设计交底等内容与现场安装单位对接,构件加工完毕后,各生产加工单位必须按照统一的规则对构件进行编号和喷码,按节段节点分类打包捆绑,各生产加工单位必须按照进场清单的顺序进行发货,并形成书面记录。

(3)构件发运前对运输驾驶员进行交底,项目安排专人跟踪驾驶员行程,运输过程中出现问题及时调度解决。

4)现场安装进度与堆放

(1)现场考虑充足照明设施,确保24h作业条件。(夜间收车后主要进行构件吊装与固定,白天进行焊接及其他工作)

(2)预备充足并有经验的安装施工队伍,一旦现有队伍不满足工期要求,项目部直接增派队伍进行拼装。

(3)每天召开现场碰头会,落实次日的发货情况与现场安装需求相匹配。

(4)充分考虑现场制约因素并建立三维模型进行现场布置,同时在周边租赁场地作为钢材构件的二转场地,确保钢构件顺利供应转存。

### 3.5.2 安全保障

1)龙岗大道设置行道防护棚

为了保障施工期间龙岗大道车流安全通行,需在道路的正上方设置防护棚,由贝雷梁+钢管柱构成。龙岗大道安全保障效果如图3-73所示。

2)既有车站临时出入口设置安全防护

由于临时出入口处在施工区域内,为了避免可能发生的高空坠物对通行人员的影响,需对出入口进行全区域防护,确保人员通行安全。防护棚采用框架结构,工字钢立柱+工字钢横梁+波形钢板的组合形式,螺栓连接。各杆件工厂制造完成后,现场组装。防护需要对出入口进行全覆盖。临时出入口安全防护如图3-74所示。

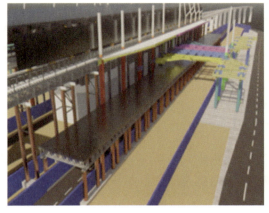

图3-73　龙岗大道安全保障效果　　　　　图3-74　临时出入口安全防护

3)既有车站站厅层人行通道设置安全防护

为保证运营区与施工区有效分开,保证旅客安全和地铁正常运营,在站厅预定路线上设置"门字通道"防护棚(图3-75)。各杆件工厂制造完成后,现场组装。

4)轨道上设置安全防护

在既有雨棚拆除过程或邻近轨道作业中,需保证轨行区既有设备不被损坏,需设置保护措施。在天窗点(1:30~4:30)内安装"防护小车",当天施工完,当日移出轨行区。轨道安全防护如图3-76所示。

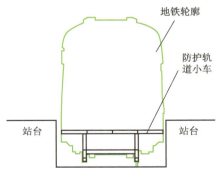

图3-75　人行通道安全防护　　　　　图3-76　轨道安全防护

5)雨棚钢构件焊接设置施工平台

雨棚进行主次梁焊接作业时,需提供操作平台供作业人员作业。施工平台采用模块化设计,厂内加工,现场拼装形成一个挂架担放在钢梁上,人员站立在两侧侧笼内,进行焊接作业等。

### 3.5.3 应急预案

1)高空坠落

事故原因:无临边、洞口防护措施;不系安全带高空作业;架体倒塌;违反操作规程施工。

紧急救护救援措施:

(1)事故发生时,发现者立即大声呼救,向上级组织报告。

(2)若事故人员伤亡严重,立即将伤员送往附近医院,迅速成立指挥部门。

(3)迅速解救伤员。因高空坠落一般会有骨伤伤害,因此在施救过程中要特别注意防止给伤员造成二次伤害。

(4)若有出血状况,要立即对伤员进行止血措施。

(5)在等待医生救治过程中,不要停止和放弃施救。

2)物体打击机械伤害

事故原因:高空坠物;未戴安全帽;违章操作机械。

紧急救护救援措施:

(1)当事故发生时,发现者立即大声呼救,向上级组织报告,现场负责人或安全员立即封锁现场,进行现场保护。

(2)若事故人员伤亡严重,项目负责人立即向公司及安全部门报告,拨打急救电话,请求救援,立即将伤员送往附近医院,迅速成立指挥部门。

(3)若有出血状况,要立即对伤员进行止血措施。

(4)若有休克人员,要立即采用心肺复苏术。

3)触电

事故原因:触碰外电线路;设备漏电,未按规定安装漏电保护装置;未按用电技术规程操作。

紧急救护救援措施:

(1)当事故发生时,发现者立即大声呼救,向上级组织报告,迅速成立指挥部。

(2)应立即切断电源开关或用干燥的绝缘物体将电源线从触电者身上拨开。

(3)要注意防止地面导电,施救者不能站在导电的物体上。

(4)若事故人员伤亡严重,发生呼吸或心跳停止的情况,应在进行抢救措施的同时,紧急把伤员送就近医院治疗。在转送医院的途中或等待医生救治过程中,抢救工作不能中断。

4)火灾

事故原因:电器使用不当或线路短路;使用明火或电焊;吸烟。

紧急救护救援措施:

(1)最早发现者立即进行报告,尽量查明原因,立即采取措施和方法扑救,当判断火情无法控制时,应打电话报告。

(2)形势严峻时,迅速成立指挥部。

(3)根据火灾范围,迅速指挥工人撤离、疏散。

(4)应急小组成员立即戴好防护用品和消防器具,直接赶往事故地点实施扑救。

(5)当火势无法控制时,要及时隔离或搬出附近的易燃易爆品,必要时撤离到安全地方等待专职消防人员处理。

(6)急救人员立即对伤者施救或将重伤员送往医院。

### 3.5.4 质量保障

1)材料采购

针对本工程的特点,主要做好以下几点:

(1)根据材料的品种、规格、要求,选定合格的分承包方。特殊材料的分承包方应进行重新评审后选定。

(2)采购产品的规格、型号、标准、数量、到货日期等必须满足规定要求。

(3)所有材料必须按规定经检验和试验合格后才能进仓入库,检验和试验的内容主要包括核对采购任务书中的规格、型号、适用标准、数量等,检查外观质量、几何尺寸、标识等,按规定进行化验、机械性能、力学性能、工艺性能等的测试,确保产品质量满足规定要求。

(4)按规定对进仓产品进行堆放、标识、保管、发放、记录,确保产品完好和准确使用。

2)焊缝质量检查

(1)所有焊缝均需由焊接工长进行目视检查,并记录成表。

(2)焊缝表面严禁有裂纹、焊瘤等缺陷。一、二级焊缝不得有表面气孔、夹渣、弧坑裂纹、电弧擦伤等;一级焊缝不得有咬边、未满焊、根部收缩等缺陷。

(3)二、三级焊缝外观质量应符合《钢结构工程施工质量验收标准》(GB 50205—2020)附录 A 的规定。

(4)焊缝感观应达到:外形均匀、成形较好,焊道与焊道、焊道与基本金属间过渡较平滑,焊渣和飞溅物基本清除干净。

(5) 探伤人员必须具有二级探伤资格证,出具报告者必须是三级探伤资质人员。

(6) 探伤不合格处必须返修,在探伤确定缺陷位置两端各加 50mm 清除范围,用碳弧气刨进行清除,在深度上也应保证缺陷清理干净,然后再按焊接工艺进行补焊。

(7) 同一部位返修不得超过两次。

3) 工厂预拼装

所有需在现场拼装的构件,采取先在工厂内进行预拼装的工艺,以便将现场拼装时可能发生的问题暴露出来,保证现场拼装杆件的外形尺寸、截面、坡口的正确性。标明各个接口处的对合标志,可极大提高现场拼装质量和拼装进度。采取预拼装工艺是保证现场拼装质量的关键措施。

4) 现场拼装

(1) 保证现场拼装胎架精度,确保拼装质量。

(2) 采取合理的焊接工艺、焊接顺序,减少焊接变形。

(3) 加强过程管控,确保测量工具合格、先进。

5) 吊装控制

(1) 严格按照吊装专项方案的吊装顺序施工。

(2) 对各吊装工况均进行施工验算和仿真模拟,确保吊装质量。

(3) 加强首吊试吊,严格按照起重机的吊重性能分析施工。

(4) 吊装完成后,构件临时固定稳固后方能脱钩。

6) 焊接过程控制

(1) 焊工持证上岗,并经严格安全技术交底后方能进场。

(2) 坚持焊接首件制,送检合格后才可以进行焊接。

(3) 严格焊接施工条件,加强焊接材料质量管控。

# 第4章

# 深基坑开挖与支护施工

## 4.1 主体车站深基坑概况

大运车站周边环境较为复杂,原顺逸东方酒店、公交场站等对基坑有影响建(构)物均已拆除,周边市政道路有桂坪路、龙飞大道及龙岗大道,紧邻既有地铁3号线高架区间及车站,与既有地铁3号线大运站位置关系成南北布置,主体车站东侧围护距地铁3号线大运站基桩最小净距为2.1m,距久泰实业厂房最小净距为35.9m。大运枢纽周边环境航拍如图4-1所示。

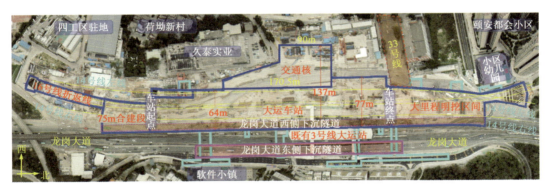

图4-1 大运枢纽周边环境航拍图

大运主体车站地质剖面从南到北地层变化较大。大运综合交通枢纽项目地处广东南部沿海珠江三角洲冲积平原,区域的地貌为台地,揭露地面的岩层较为复杂,由于城市化施工,现场已经完成了人工改建,目前地势比较平缓,地表高程为48.46~59.09m。大运主体车站地质剖面图与地基土层特性如表4-1、图4-2所示。

地基土层特性表　　　　　　表4-1

| 名称 | 成因年代 | 层厚范围(m) | 平均厚度(m) | 颜色 | 状态 | 压缩性 | 密实度 |
|---|---|---|---|---|---|---|---|
| 素填土 | $Q^{ml}$ | 0.7~15.4 | 4.34 | 黄褐色 | 可塑 | 高 | 稍密 |
| 粉质黏土 | $Q^{el}$ | 0.7~50.4 | 12.80 | 褐红色 | 可塑 | 高 | 稍密 |

续上表

| 名称 | 成因年代 | 层厚范围(m) | 平均厚度(m) | 颜色 | 状态 | 压缩性 | 密实度 |
|---|---|---|---|---|---|---|---|
| 粉细砂 | $Q_4^{al+pl}$ | 0.9~8.7 | 2.62 | 灰白色 | 可塑 | 高 | 稍密 |
| 全风化砂岩 | $C_1c$ | 0.5~41.9 | 7.63 | 红褐色 | 硬塑 | 高 | 中密 |
| 强风化砂岩(土状) | $C_1c$ | 2.2~57.7 | 20.97 | 红褐色 | 硬塑 | 中等 | 中密 |
| 强风化砂岩(块状) | $C_1c$ | 0.7~40.2 | 12.68 | 黄褐色 | 硬塑 | 中等 | 中密 |
| 中等风化砂岩 | $C_1s$ | 0.6~18.1 | 6.77 | 灰色 | 较软 | 中等 | 中密 |

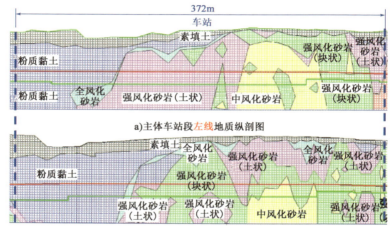

图 4-2　大运主体车站地质剖面图

场地地下水大致分三个类别：第一类是赋存于第四系疏松岩石地层中的孔隙地下水；第二类是赋存于块状强风化、中等风化带及断裂构造裂隙中的微承压基岩性裂缝水；第三类是赋存于碳酸盐溶洞及溶(裂)隙中的承压性岩溶水，水量充足。根据华南地区相关经验，地下水位常年在 0.5~2.0m 波动。

## 4.2　主体车站深基坑开挖方案

在基坑土方开挖的施工过程中，土方开挖的施工原则为"分层支撑，分层开挖，限时支撑，先撑后挖"。将大运车站根据各区域设备站位与施工工法特点划分成 7 个施工区域，每个区域长度为 41~88m，并分别配置 1~3 台垂直开挖设备，纵向配置 4~6 台挖掘机、横向配置 5 台挖掘机进行作业。在进行基坑开挖时，先用机械破除基坑内硬化路面及混凝土结构临时设施，采用挖掘机分段分层开挖至第一道混凝土支撑底下 10cm，开挖深度约为 2m，并施作第一道混凝土支撑及腰梁，支撑尺寸为 1000mm×1000mm。

待第一道混凝土支撑达到设计强度后，分层分段开挖至第二道支撑底下 10cm，开挖至

8.3m,并施作第二道混凝土支撑及腰梁,支撑尺寸为1000mm×1200mm。待第二道混凝土支撑达到设计强度后,分层分段开挖至第三道支撑底下10cm,开挖深度为7m,并施作第三道混凝土支撑及腰梁,支撑尺寸为1200mm×1400mm。待第三道混凝土支撑达到设计强度后,分层分段开挖至第四道支撑底下10cm,开挖至21.6m,并施作第四道混凝土支撑及腰梁,支撑尺寸为1200mm×1400mm。待第四道混凝土支撑达到设计强度后,分层分段开挖至基底50m以上,进行基底验槽。验收完毕后,为了减少对地基土的扰动,改用人工开挖至基底,并及时施作主体结构。

四道混凝土支撑均采用地模法进行施工,由于支撑跨度达到64m,需要进行分段施工,施工缝位于梁跨的1/4~1/3处。混凝土支撑的施作随着土方开挖的进度及时更进施工,可减少围护体侧开挖段无支撑、大面积暴露的问题,以此控制基坑工程的变形与稳定性。

## 4.3 主体车站现场监测方案与数据分析

### 4.3.1 监测方案与设计

实施监测的目的有以下四点:一是确保基坑支护体系安全;二是全方位、系统性地监控施工过程中周边环境对基坑的影响;三是验证支护结构体系的合理性并为依托工程基坑施工提供指导;四是总结本工程施工经验并为后续相关类似工程基坑设计提供参考依据。

监测项目主要依据工程地质条件、基坑跨度、开挖深度、开挖方式和支护体系类型等综合性因素确定。根据上述原则和本工程的具体实际情况,对大运枢纽主体车站、交通核基坑施工以及地铁3号线大运站运营实施数字化监测,以位移变形、沉降监测为主。监测主要内容为围护结构侧移、周边地层变形、内支撑轴力以及地铁3号线大运站桥墩沉降。

使用专门仪器或者相关测试元件获取定量数据。大运枢纽主体车站监测项目一览表见表4-2,监测项目控制值见表4-3,支撑轴力控制值标准见表4-4。

大运枢纽主体车站监测项目一览表 表4-2

| 监测区段 | 监测编号 | 监测项目 | 监测仪器 |
| --- | --- | --- | --- |
| 主体基坑 | 1 | 现场巡查 | 人工巡查 |
| | 2 | 围护顶竖向位移 | 电子水准仪 |
| | 3 | 围护顶水平位移 | 全站仪 |
| | 4 | 围护水平变形(测斜) | 测斜仪 |
| | 5 | 支撑轴力 | 轴力计、频率读数仪 |
| | 6 | 立柱结构竖向位移 | 全站仪 |
| | 7 | 立柱结构水平位移 | 全站仪 |

续上表

| 监测区段 | 监测编号 | 监测项目 | 监测仪器 |
|---|---|---|---|
| 主体基坑 | 8 | 立柱结构应力(选测) | 应力计、频率读数仪 |
| | 9 | 地下水位观测 | 水位计 |
| | 10 | 地面沉降 | 电子水准仪 |
| | 11 | 建筑物竖向位移 | 电子水准仪 |
| | 12 | 盖挖顶板应力(选测) | 应力计、频率读数仪 |
| | 13 | 土体变形监测 | 电子水准仪 |

监测项目控制值   表4-3

| 编号 | 监测项目 | 变化速率报警值(mm/d) | 变化速率控制值(mm/d) | 报警值(mm) | 控制值(mm) |
|---|---|---|---|---|---|
| 1 | 围护竖向位移 | 2.4 | 3 | 8 | 10 |
| 2 | 围护水平位移 | 2.4 | 3 | 24 | 30 |
| 3 | 围护水平变形(测斜) | 2.4 | 3 | 32 | 40 |
| 4 | 立柱结构竖向位移 | 1.6 | 2 | 16 | 20 |
| 5 | 立柱结构水平位移 | 1.6 | 2 | 16 | 20 |
| 6 | 地面沉降 | 1.6 | 2 | 32 | 40 |
| 7 | 雨污水管 | 1.6 | 2 | 16 | 20 |
| 8 | 给水管 | 1.6 | 2 | 16 | 20 |
| 9 | 建(构)筑物竖向位移 | 1.6 | 2 | 24 | 30 |
| 10 | 建(构)筑物倾斜 | 1.6 | 2 | 0.16%$L$ | 0.2%$L$ |
| 11 | 桥面、墩柱水平位移 | — | — | 4 | 5 |
| 12 | 桥面、墩柱竖向位移 | — | — | 4 | 5 |
| 13 | 邻近基础不均匀沉降 | — | — | 4 | 5 |
| 14 | 桥面、墩柱裂缝宽度 | — | — | 0.24 | 0.3 |

注:$L$为建(构)筑物长。

支撑轴力控制值标准   表4-4

| 混凝土支撑截面尺寸[宽(m)×高(m)] | 最大设计承载力(kN) |
|---|---|
| 1×1 | 16000 |
| 1×1.2 | 19000 |
| 1.2×1.4 | 29000 |
| 1.2×1.4 | 29000 |

### 4.3.2 监测数据分析

1) 围护结构水平位移

基坑能否顺利开挖,围护结构的稳定性至关重要,施工现场反馈的实际监测数据能够从各方面了解基坑工程的进度质量和动态变化情况。本工程中的主体基坑与邻近地铁3号线高架线路的稳定性都可以通过围护结构的水平位移监测数据进行判断。现选择测点 ZQT-10(靠近高架车站一侧)和 ZQT-23(远离高架车站一侧)在不同时期的围护变形曲线为例进行分析,测斜孔布置如图4-3所示。

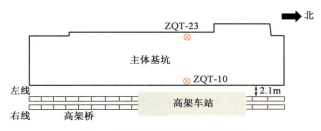

图4-3　围护结构水平位移测点布置

图4-4表示测点 ZQT-10(靠近高架车站一侧)和 ZQT-23(远离高架车站一侧)的围护结构在不同深度下的水平位移变化情况。由监测数据分析可知,在基坑开挖初期,围护结构的水平位移很小且呈现"悬臂"状分布,随着基坑继续开挖,围护结构的水平位移逐渐增大且呈现"弓"形分布,开挖至坑底高程时水平位移最大。由于实际开挖过程中混凝土支撑无法快速施工致使基坑大面积暴露的时间延长,围护结构水平位移并不是以单调递增的形式呈现,而是呈"多折线弯曲"状。2020年11月6日基坑开挖完成后,靠近高架车站一侧的 ZQT-10 测点围护结构最大水平位移为 25.1mm,出现的位置在围护结构 22m 深度处;远离高架车站一侧 ZQT-23 测点围护结构最大水平位移为 19.6mm,出现的位置在围护结构 20m 深度处,在开挖过程中围护结构的最大水平位移均未超过控制值(30mm),基本处于稳定状态。

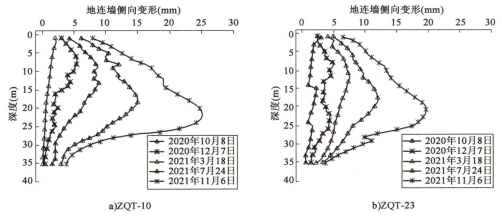

图4-4　围护结构监测位移对比曲线

2)地表沉降

根据工程经验,地表沉降的形式一般以"三角形"分布和"抛物线"分布为主,前者最大沉降出现在基坑边缘,距基坑边缘越远沉降量越小;后者最大沉降出现在距基坑边缘一定位置处,当围护结构入土深度较大时就会出现第二种沉降形式。地表沉降测点布置如图4-5所示,选取DBC断面分析基坑开挖对邻近地铁3号线高架周边地表沉降的影响,其中DBC-06为靠近高架桥一侧、DBC-10为靠近高架车站一侧,6个测点距基坑边缘的距离分别为2m、4m、6m、8m、8m和10m。

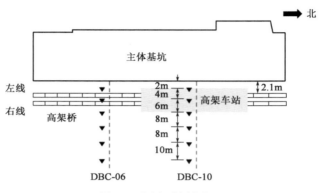

图4-5 地表沉降测点布置

如图4-6所示,现对各时段监测数据整理后绘制了不同时期坑外地表沉降-位移曲线,通过对比分析后可知:

(1)随着基坑开挖深度的增加,靠近高架一侧周边地表逐渐下沉,沉降分布形式属于抛物线形态,以"凹槽形"出现。不同时段下的地表沉降曲线形态基本相似,其中最大沉降出现在距基坑边缘一定位置处且沉降速率最大。

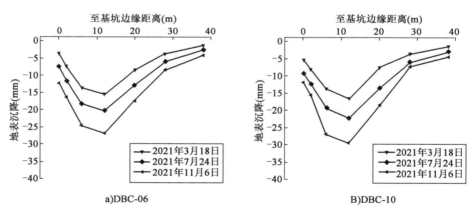

图4-6 地表沉降-位移曲线

(2)2021年11月6日位于高架桥车站附近的DBC-10断面地表沉降达到最大值,最大地表沉降量为31.8mm,距离基坑边缘位置12.3m左右,约0.47倍的开挖深度。在距离基坑边缘距离28m处,地表沉降速率逐渐放缓,这和文献的结论基本吻合,即沉降在距基坑壁0.5~

0.8倍开挖深度处出现了最大值。靠近高架车站一侧的地表沉降监测数据略大于高架桥一侧,主要原因可能是每天高架车站人员流动也会对高架车站产生一定的影响,而高架桥则不会受此影响。

3)内支撑轴力

为了掌握基坑施工过程中支撑的实时工作状态,需要对支撑结构布设轴力监测点,一般选择钢筋轴力计进行布置测试。大运枢纽主体基坑开挖深度大,内支撑系统采用四道混凝土支撑形式,轴力计焊接在纵向主筋约1/3支撑长度处。钢筋轴力计的现场安装如图4-7所示。本节选取第一道混凝土支撑ZCL-06轴力计测点进行实时监测数据分析,轴力计测点选取如图4-8所示。

图4-7 钢筋轴力计的现场安装图

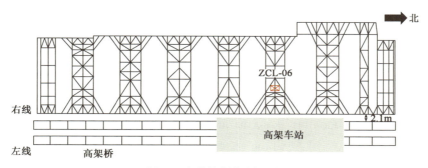

图4-8 钢筋轴力计测点选取

图4-9展示了混凝土支撑轴力随时间的变化规律,规定拉正压负。通过对比不同时期轴力实际监测数据可以得出:

(1)对比不同时期的基坑开挖,可以发现支撑轴力呈现反复增减的变化现象,原因可能是现场实际施工情况和天气温度影响造成。总体上看,内支撑轴力规律变化还是较为明显,前期轴力逐渐增大,随着基坑开挖的完成,轴力值逐渐趋于稳定。

(2)基坑在架设下一道支撑时上层的支撑轴力会明显减小,表明在支撑架设时基坑的整体稳定性有所提高。基坑开挖完成后,ZCL-06测点轴力值最大为9498.4kN,未达到轴力控制值标准的 16000kN,表明该支撑设计合理,但支撑轴力仍有较大利用空间,应优化设计方案。

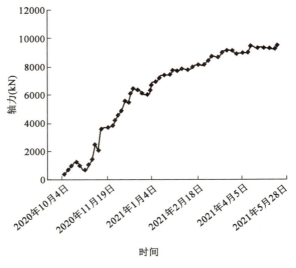

图 4-9 支撑轴力时程曲线

### 4) 桥墩沉降

高架桥桥墩测点布置如图 4-10 所示,其中黄色区域测点代表高架车站下方桥墩,其他测点布置在高架区间桥墩上,高架车站桥墩测点由南向北依次为 JGC-AT01、JGC-AT02、JGC-AT03、JGC-AT04、JGC-AT05、JGC-AT06、JGC-AT07、JGC-AT08、JGC-AT09、JGC-AT10、JGC-AT11 和 JGC-AT12;高架区间桥墩测点由南向北依次为 JGC-HT39、JGC-HT40、JGC-HT41、JGC-HT42、JGC-HT43 和 JGC-TA-01。

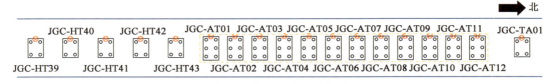

图 4-10 高架桥桥墩测点布置

现绘制了 2020 年 10 月 8 日以后的桥墩累计沉降-时间曲线,如图 4-11 所示。由南向北 1~18 测点编号依次代表上述桥墩测点位置,对比不同时期各测点桥墩沉降的实际监测数据可以得出:

(1)从 2020 年 10 月 8 日基坑开挖开始,可以看出 18 个桥墩沉降监测点变形曲线以一定幅度上下波动。随着基坑开挖的进行,各桥墩沉降逐渐增大。

(2)对比高架车站下方桥墩与正常高架线路桥墩可以发现,高架车站下方桥墩整体沉降要比正常高架线路桥墩沉降略大,分析原因可能是因为高架车站每天人员流动量较大加剧了高架车站桥墩的沉降。

(3)基坑开挖完成后,选取的18个桥墩沉降测点中最大沉降桥墩为高架车站下方的JGC-AT05号桥墩,最大沉降值为4.85mm,相邻两桥墩之间的最大不均匀沉降为0.76mm,对应的桥墩分别为JGC-AT05和JGC-AT06号桥墩。

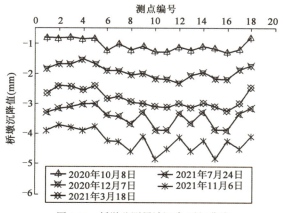

图4-11 桥墩监测累计沉降-时间曲线

## 4.4 小里程明挖区间深基坑概况

### 4.4.1 地形地貌

大运枢纽小里程明挖区间沿原有机荷高速公路匝道与西侧龙岗大道下方敷设,场地高差起伏较大,现原有机荷高速公路匝道已开挖完成,场地大致平顺,折返线区间段场平高程整体约为48m,四周按1∶1.5放坡防护;右线始发基坑段基坑西侧场地高程整体约为48.5m,基坑东侧为西侧龙岗大道,该段龙岗大道南北高差约2m,则以该段现有龙岗大道路面高程为基准顺接至西侧场地。

### 4.4.2 基坑地质情况

折返线区间基坑与右线始发基坑地层基本一致,从上至下地层为素填土、粉质黏土,中间夹杂部分粉细砂层,基底位于粉质黏土层(图4-12、图4-13)。

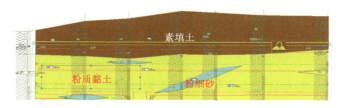

图4-12 折返线区间地质纵断面图

图 4-13 右线始发基坑地质纵断面图

(1) 素填土：黄褐色、褐红色、灰白色、灰黑色等，主要成分为黏性土，可塑~硬塑，混砂砾，局部夹碎石块，位于现在道路范围内的填土经过压实处理，填筑时间大于 10 年，欠固结。标准贯入试验实测锤击数 12~21 击，平均 15.3 击。该层在场地内普遍分布，厚 0.70~15.40m，平均厚度 4.91m，层底高程 39.87~53.97m。

(2) 粉质黏土：褐红色、褐黄色、褐灰色等，以可塑~硬塑为主，局部坚硬。土质较均匀，局部夹少量砂粒。标准贯入试验实测锤击数 10~37 击，平均 21.5 击。该层在场地内普遍分布，揭露层厚 0.70~50.40m，平均厚度 12.80m；层顶埋深 0.70~59.40m，层顶高程 -1.99~51.59m；层底埋深 6.40~63.40m，层底高程 -10.06~46.34m。

(3) 粉细砂：灰白色、灰黑色、灰黄色、黄褐色等，稍密~中密，饱和，以粉砂为主，主要成分为石英砂，含较多黏粒，分选性较好，级配不良。标准贯入试验实测锤击数 17~27 击，平均 22.0 击。本层主要分布于场地南侧，揭露层厚 0.90~8.70m，平均厚度 2.62m；层顶埋深 4.30~51.00m，层顶高程 6.14~44.92m；层底埋深 6.00~59.40m，层底高程 -1.99~43.72m。

### 4.4.3 周边建筑情况

小里程明挖区间东侧为新建临时匝道与既有地铁 3 号线大运高架区间，市政主干道龙岗大道在基坑内纵向铺盖上通过，基坑距新建匝道的最小水平净距为 5.72m，距高架区间最小桥桩水平净距为 4.15m，与后期施工的地铁 14 号线坳大区间右线盾构隧道最小净距为 7.56m，因该盾构隧道已在折返线区间主体完成之后施工，则折返线施工对其无影响。

小里程明挖区间西侧为工区项目驻地，最小水平净距为 45m，与地铁 14 号线坳大区间左线盾构隧道平面上水平净距为 3.88~13m，折返线区间基坑开挖对该盾构区间有影响的范围为水平净距 1 倍洞径范围长度（约 46m）。根据工程筹备安排，该隧道盾构始发时间为 2020 年 1 月 30 日，掘进至水平净距为 1 倍洞径时间为 2020 年 2 月 15 日，在该时间，折返线基坑影响范围内的底板已经完成，则折返线施工对其无影响。

小里程明挖区间南侧为原有机荷高速公路匝道（现已废弃），北侧为正在施工围护结构的地铁 14、16 号线大运车站。

## 4.4.4 地下管线

小里程明挖区间基坑内管线较少,沿区间横向有两条 10kV、DN150mm 阻燃 C 级电力电缆,后期悬吊保护;沿区间横向有一根 DN2000mm 的排水管,后期敷设在折返线盖板上方;沿区间纵向有 3 根通信光缆,通信光缆现阶段先拨移施工,后期进行改迁(图 4-14)。

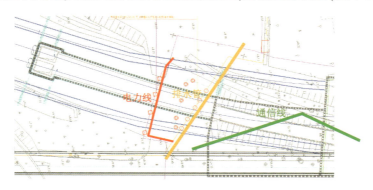

图 4-14 小里程明挖区间地下管线

# 4.5 小里程明挖区间深基坑开挖施工

## 4.5.1 折返线区间基坑土方开挖

1) 第一阶段土方开挖

工况 1:机械破除基坑内硬化路面及混凝土结构临时设施,采用挖掘机分段由小里程往大里程方向后退式开挖至第一道混凝土支撑底 10cm,开挖深度约 1m,及时施作混凝土支撑(图 4-15)。

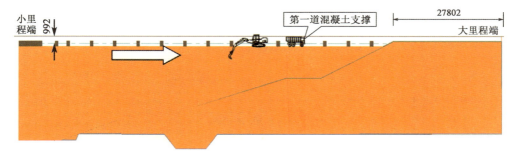

图 4-15 折返线第一阶段工况 1 基坑开挖纵剖面图(尺寸单位:mm)

工况 2:待第一道混凝土支撑达到设计强度后,分层分段开挖至第二道混凝土支撑底下 10cm,开挖深度为 7.5m,每段长度为 20~30m,每层厚度不超过 2m,开挖边坡坡度不得超过

1∶1.5,行车通道坡度不大于1∶5,以满足车辆行驶能力(图4-16)。

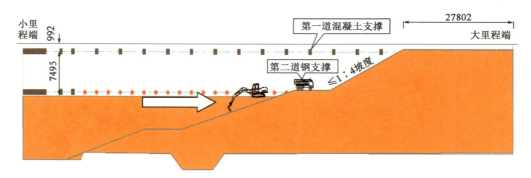

图4-16 折返线第一阶段工况2基坑开挖纵剖面图(尺寸单位:mm)

工况3:待第二道混凝土支撑施工完成后,分层分段开挖至第三道混凝土支撑底下10cm,开挖深度为7.2m,每段长度为20~30m,每层厚度不超过2m,开挖边坡坡度不得超过1∶1.5,行车通道坡度不大于1∶5,并设置2处9m长平台以满足车辆行驶(图4-17)。

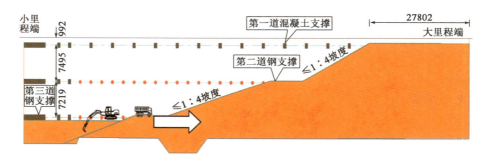

图4-17 折返线第一阶段工况3基坑开挖纵剖面图(尺寸单位:mm)

工况4:待第三道混凝土支撑施工完成后,分层分段开挖至基底以上500mm,进行基底验槽,验收完成后,为减少对地基土的扰动,改用人工开挖至基底,并及时施作主体结构,该段开挖深度为5.76m,每段长度为20~30m,每层厚度不超过2m,开挖边坡坡度不得超过1∶1.5,行车通道坡度不大于1∶5,以满足车辆行驶能力(图4-18)。

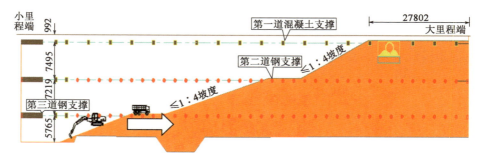

图4-18 折返线第一阶段工况4基坑开挖纵剖面图(尺寸单位:mm)

工况5：采用挖掘机由小里程往大里程方向逐段对剩余土方进行收拢，开挖坡度不大于1∶1.5，行车道坡度不大于1∶5，并及时施作支撑，每结构段长度开挖完成后，施作主体结构，并及时封闭基底（图4-19）。

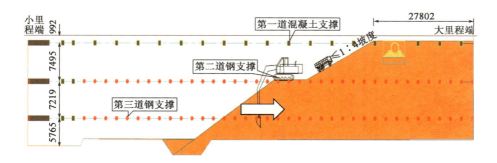

图4-19 折返线第一阶段工况5基坑开挖纵剖面图（尺寸单位：mm）

工况6：采用电动液压抓斗+挖掘机，基坑内由挖掘机进行土方倒运，电动液压抓斗地面装车的方式，分层分段开挖至每道支撑位置，分层厚度不大于2m，开挖坡度不大于1∶1.5，及时施作支撑，达到强度后，再继续往下开挖，以此方法直至开挖至基底。靠近大里程端预留15m反压土以平衡右线始发井土压力，每级反压土高度不大于5m，坡度不大于1∶1.5，并设置2m平台，坡面采用C25喷射混凝土+ϕ12mm钢筋网片@200mm×200mm进行挂网喷浆支护，并设置间距2000mm×2000mm的泄水孔，每级平台内设置1个800mm×800mm×800mm集水坑进行抽排水（图4-20）。

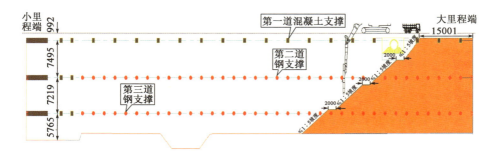

图4-20 折返线第一阶段工况6基坑开挖纵剖面图（尺寸单位：mm）

其他说明：对于基坑内放坡，如行车通道遇支撑不满足渣土车高度（3.2m），则在基坑两侧预留反压土，反压土坡度为1∶1.5，最大预留高度为3.6m，暂不进行对行车道有影响的支撑施工，以满足行车高度要求，进入工况5后，施工完成支撑后，开挖两侧反压土（图4-21）。

2）第二阶段土方开挖

待右线始发基坑中板施作完成，达到强度后，开始进行第二阶段土方开挖，该阶段采用电动液压抓斗+挖掘机,基坑内由挖掘机进行土方倒运,电动液压抓斗地面装车的方式,分层开挖至每道支撑位置,分层厚度不大于2m,开挖边坡不大于1∶1.5,及时施作支撑,达到强度后,再继续往下开挖,以此方法直至开挖至基底(图4-22)。

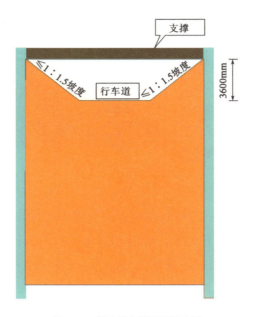

图4-21 基坑横向预留反压土图

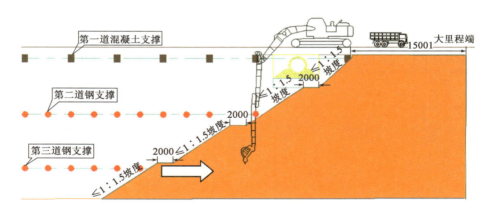

图4-22 第二阶段开挖示意图

## 4.5.2 右线始发基坑土方开挖

因基坑每道支撑均为混凝土斜支撑,基坑内土方开挖采用竖向分层、水平分块、纵向分段的分层开挖方式,纵向方向中间往大小里程方向开挖、横向方向两边往中间进行土方倒运,地面使用长臂挖掘机(电动液压抓斗)装车的方式进行开挖(图4-23),具体为长臂挖掘机+常规挖掘机分层放坡开挖,当开挖至13m位置,超出长臂挖掘机的开挖范围时,采用电动液压多瓣抓斗装车。

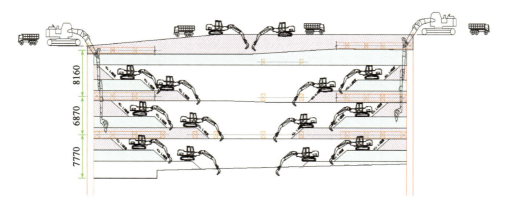

图4-23 右线始发基坑纵断面开挖示意图

工况1:机械破除基坑内硬化路面及混凝土结构临时设施,采用挖掘机分段由中间往大、小里程方向后退式开挖至第一、二道混凝土支撑底10cm,采用基坑内装车的方式,开挖深度约4.5m,分层厚度不大于2m,边坡坡度不大于1:1.5,及时施作混凝土支撑。

工况2:待第一、二道混凝土支撑达到设计强度后,纵向由中间往大小里程方向倒运土方,横向由两侧往中间倒运土方,采用长臂挖掘机(电动液压抓斗)装车的方式,分层继续开挖至第三道混凝土支撑,及时施工第三道混凝土支撑,分层厚度不大于2m,边坡坡度不大于1:1.5,并设置机械作业平台,平台宽度为3~5m。依此方法直至开挖到基底上500mm位置,进行基底验槽,验收完成后,为减少对地基土的扰动,改用人工开挖至基底,并及时施作主体结构。

## 4.6 小里程明挖区间深基坑支护施工

### 4.6.1 管线保护施工

折返线处现有2根电力管线与8根电力管道需悬吊于施作完成的支撑梁上,待支撑梁施工完成后,施工保护侧墙,拨移电力管线与管道于支撑梁内,再使用提前预制完成的盖板铺设于保护侧墙,对管线进行保护。折返线处 $\phi2000$ mm 雨水管需悬吊于施作完成的永久盖板上,待永久盖板施工完成后,施工C25混凝土管道基座,待基座达到强度后,新建雨水管道。雨水管线悬吊保护大样图如图4-24所示。

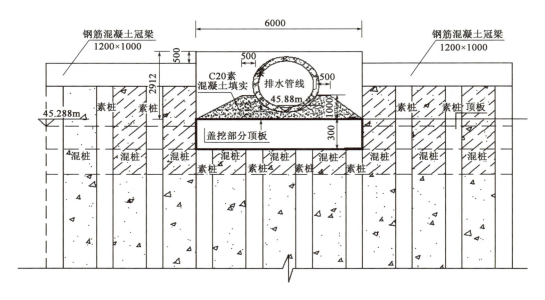

图 4-24 雨水管线悬吊保护大样图(尺寸单位:mm)

### 4.6.2 周边建筑物保护施工

新建临时匝道与折返线区间相邻较近,距离围护结构最小水平距离为 4.5m,垂直高差为 3.018m,对匝道采用钢板桩支护边坡与加强地表沉降监测方法的进行保护。既有匝道保护平面图如图 4-25 所示。

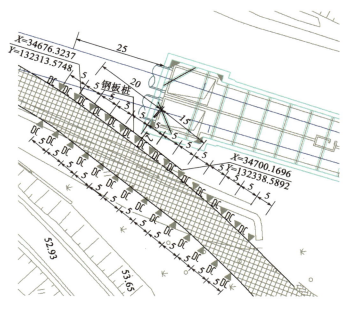

图 4-25 既有匝道保护平面图(尺寸单位:m)

在基坑开挖之前,施作冠梁、挡土墙,此处挡土墙高为 2m,在咬合桩与新建临时匝道水平距离最近处由匝道路面往基坑方向开挖放坡,放坡比例为 1∶1.5,开挖宽度为 2m。采用 HRBφ12mm(20cm×20cm)钢筋网片,C20 喷混凝土进行边坡防护。然后在距离咬合桩 2m 处施工 9mPU400mm×170mm 钢板桩进行防护,深入地下 7m、地面预留 2m。防护纵向距离 35m,小里程方向 20m,大里程方向 15m。

混凝土浇筑过程中,采用低净空的起重机吊装料斗进行混凝土浇筑,吊装过程中安排专职司索工指挥吊装,确保起重机与地铁 3 号线桥梁与桥墩之间有足够的安全距离,并且起重机操作高度不得高于地铁 3 号线高架桥箱梁。低净空操作履带式起重机示意图如图 4-26 所示。

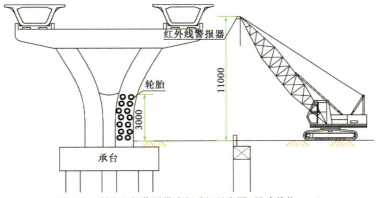

图 4-26  低净空操作履带式起重机示意图(尺寸单位:mm)

施工过程中做好对地铁 3 号线高架桥的沉降观测和地下水位监测,并采取自动化监测的方式对其监测(图 4-27)。采用精密水准仪和铟钢尺按二等水准测量进行,包括地表沉降、地下管线、周边建筑物沉降。在基坑开挖前,在地面变形影响范围之外,便于长期保护的稳定位置,埋设水准基点,进行水准网布设。首次观测时,适当增加测回数,一般取 3~5 次的数据作为测点的初始读数。此外,对既有地铁 3 号线桥桩采取跟踪注浆方法进行加固保护,注浆方式为袖阀管注浆与钢花管注浆,保护范围为邻近的 5 个桥桩(图 4-28)。

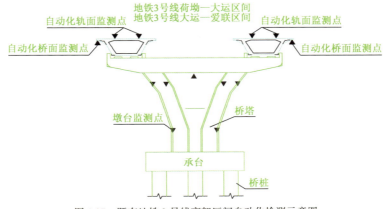

图 4-27  既有地铁 3 号线高架区间自动化检测示意图

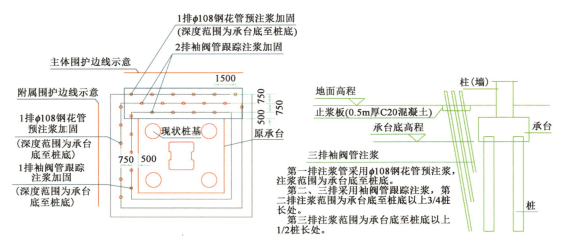

图 4-28　既有地铁 3 号线高架区间桥桩跟踪注浆大样图（尺寸单位：mm）

# 第5章

# 邻近既有运营高架线深基坑开挖影响研究

具有快速、便捷优势的城市轨道交通在解决城市交通问题方面做出了突出贡献,但其迅速发展的同时也带来了一系列的问题,一方面存在邻近既有运营高架线路对深基坑开挖的影响问题,另一方面存在深基坑开挖对邻近既有运营高架桩基础的影响问题。深圳市大运综合交通枢纽主体基坑开挖邻近地铁3号线高架线路,大运枢纽主体基坑具有纵向长度长、横向跨度大、竖向深度深等特点,并且主体基坑东侧围护结构与既有地铁3号线大运站基桩最小净距仅为2.1m。基坑开挖会对周边土体产生扰动,导致邻近基桩产生位移和附加弯矩,从而影响上部高架结构以及列车的安全行驶。

因此,为了探究列车荷载对基坑开挖和高架桥桩基础的相互影响,本章依托大运枢纽主体基坑邻近地铁3号线高架工程,建立列车速度65km/h、85km/h、115km/h作用下的动力分析模型,对比分析不同速度列车动载作用下车站基坑支护体系特性,将不考虑列车荷载、列车等效静载工况作为对照组进行分析,以综合评价列车荷载作用下基坑支护结构体系的影响和高架桥桩基础的稳定性。

## 5.1 工况介绍

### 5.1.1 基坑开挖与高架桥桩基础相互作用

目前国内外相关研究一般是将列车荷载作用下的桥桩变形和基坑开挖过程中的支护变形两者进行单独分析。而将两者之间的相互影响联系在一起的研究分析比较少,尤其是深基坑开挖对邻近既有运营高架地铁车站的影响更是少之又少。本文将从以下两个方面来探究深基坑开挖与邻近既有运营高架地铁车站相互影响因素。

第一方面是近邻既有运营高架线路对深基坑开挖的影响因素。高架列车荷载在运行过程中必定会对周边土体以及基坑工程中的支护体系安全产生影响,在动荷载作用下,围护结构的变形和内力、内支撑轴力、坑底隆起以及周边地表沉降是评价基坑工程稳定性的重要因素。

第二方面是深基坑开挖对近邻既有运营高架桩基础的影响因素。基坑开挖会对周边土体产生扰动,引起邻近基桩产生位移和附加弯矩,且本工程高架地铁车站基桩中心点距离围护结构仅2.1m,所以在基坑开挖与车辆荷载共同作用下,必定会对桥桩基础产生影响,因此着重分析基桩的受力特性至关重要。

### 5.1.2 列车振动荷载作用原理

列车、轨道和桥梁桩基础三者之间的相互作用其实是一个动态的整体耦合关联系统,由于其本身固有的振动形态,导致列车-轨道-桥梁桩基础相互作用的动力响应与地震情况或者路基轨道的动力响应不尽相同。对轨道、桥梁和下部桥桩基础的主要影响因素包括列车的轴重、簧下质量、列车行驶速度以及轨道的几何不平整性等。其中轨道所受的重力主要由车辆的轴重以及轨道与车辆之间相互作用产生的附加力组成。归纳列车-轨道-桥梁桩基础的系统动力学方程可用下式表达,即:

$$M_t \ddot{u}_t + C_t \dot{u}_t + K_t u_t = R_f \quad (5-1)$$

式中:$M_t$——轨道的质量矩阵;

$C_t$——轨道的阻尼矩阵;

$K_t$——轨道的刚度矩阵;

$u_t$——轨道的广义位移向量;

$\dot{u}_t$——轨道的广义速度向量;

$\ddot{u}_t$——轨道的广义加速度向量;

$R_f$——轨道的广义荷载向量。

轨道方程通过桥梁轨道之间的关系,相互耦联形成一个大型动力学方程组,对于求解类似的大型方程组,目前主要采用 Newmark 隐式时间积分法。通过这种方法,某一时刻的位移和速度分别表示为:

$$u^{t+\Delta t} = u^t + \dot{u}^t \Delta t + \left[ \left( \frac{1}{2} - \alpha \right) \ddot{u}^t + \alpha \ddot{u}^{t+\Delta t} \right] \Delta t^2 \quad (5-2)$$

$$\dot{u}^{t+\Delta t} = \dot{u}^t + \left[ (1-\beta) \ddot{u}^t + \beta \ddot{u}^{t+\Delta t} \right] \Delta t^2 \quad (5-3)$$

式中:$\Delta t$——时间步;

$\dot{u}^t$——$t$ 时刻的轨道速度；

$u^t$——$t$ 时刻的轨道位移；

$\ddot{u}^t$——$t$ 时刻的轨道加速度；

$\alpha$、$\beta$——阻尼矩阵中的瑞利系数。

其中，$\alpha$ 和 $\beta$ 需要符合以下条件：

$$\beta \geq 0.5; \alpha \geq \frac{1}{4}(\frac{1}{2} + \beta)^2 \tag{5-4}$$

其中，$\alpha = 0.25$、$\beta = 0.5$。对于时间积分，一般选取方法如下式：

$$\begin{cases} \ddot{u}^{t+\Delta t} = c_0 \Delta u - c_2 \dot{u}^t - c_3 \ddot{u}^t \\ \dot{u}^{t+\Delta t} = c_1 \Delta u - c_4 \dot{u}^t - c_5 \ddot{u}^t \\ u^{t+\Delta t} = u^t + \Delta u \end{cases} \tag{5-5}$$

系数 $c_0 \sim c_5$ 通过时间步和时间积分参数表达，最终时间步的位移、速度和加速度由时间步和位移增量来表达。通过隐式时间积分法，在最终时间步 $t + \Delta t$ 结束时，得到如下方程：

$$M\ddot{u}^{t+\Delta t} + KC\dot{u}^{t+\Delta t} + Ku^{t+\Delta t} = F^{t+\Delta t} \tag{5-6}$$

整理得到最终方程如下：

$$(c_0 M + c_1 C + K)\Delta u = F_{\text{ext}}^{t+\Delta t} + M(\dot{c}_2 u^t + c_3 \ddot{u}^t) + C(c_4 \dot{u}^t + \ddot{c}_5^{\ t}) - F_{\text{int}}^t \tag{5-7}$$

式中：$F_{\text{ext}}^{t+\Delta t}$——$t$ 时刻荷载外力功；

$F_{\text{int}}^t$——$t$ 时刻荷载内力功。

在最终方程里，动力分析方程必须与静力分析方程一致，主要区别在于动力分析方程中的刚度矩阵中是否包含瑞利阻尼系数 $\alpha$ 和 $\beta$。基于上述动力理论，本文采用 Newmark 隐式时间积分法求解地铁 3 号线大运站高架线路的动力问题。

## 5.2 计算模型

### 5.2.1 列车荷载模型

1）既有列车荷载模型

列车动荷载是由于地铁列车在运行中对轨道冲击、轮轨振动以及轮轨偏心所引起的周期性的激振力。激振力随地铁列车的运动而时刻变化，轨道交通荷载首先作用在轨枕上，然后依次传递到高架桥基桩和基桩附近的土体。由于地铁列车产生的振动是随机性的，国内外学者通过大量实测数据分析研究并总结出了列车动荷载是由静载、低频分量、中频分量以及高频分量组合而成。对于本工程所涉及的轨道交通荷载,采用能够反映荷载周期性的激振力函数进行模拟。激振力 $F_t$ 函数式如下:

$$F_t = m_1 m_2 (A_0 + A_1 \sin\omega_1 t + A_2 \sin\omega_2 t + A_3 \sin\omega_3 t) \tag{5-8}$$

式中:$m_1$、$m_2$——相邻轮轨叠加系数和轨枕间分散系数,分别取 1.2~1.7、0.6~0.9,取最不利状况下的系数组合可使结构偏安全,即 $m_1 = 1.7$、$m_2 = 0.9$;

$A_0$——车轮静载;

$A_1$、$A_2$、$A_3$——轨道振动各频率对应的动荷载峰值;

$t$——荷载作用时间;

$\omega_1$、$\omega_2$、$\omega_3$——各自振动荷载幅值对应的圆周率。

当列车运行速度 $v$ 已知,测量出轨道的振动波长 $l$ 以及振幅 $\alpha_i$,即可计算出相应的振动频率 $\omega_i$。振动频率 $\omega_i$ 计算式如下:

$$\omega_i = \frac{2\pi v}{l_i} \tag{5-9}$$

令列车簧下质量为 $N_0$,则列车振动荷载幅值表示为:

$$A_i = N_0 \alpha_i \omega_i^2 \tag{5-10}$$

列车轨道几何不平顺取值与列车轨道参数见表 5-1 和表 5-2。根据地铁 3 号线大运站高架线路实际情况,地铁列车选用类型为 B 型的车辆编组,列车运行最大速度为 100km/h。为评价列车动荷载对基坑开挖和高架桥桩基础的相互影响,分别选取列车速度为 65km/h、85km/h、115km/h 的动荷载进行计算,经上述公式推导后可得不同列车速度的动荷载时程曲线,如图 5-1 所示。基坑与地铁 3 号线大运站高架线路相对位置如图 5-2 所示。

列车轨道几何不平顺取值参数　　　　　表 5-1

| 控制条件 | 矢高 $\alpha_i$(mm)($i=1,2,3$) | 典型波长 $l_i$(m)($i=1,2,3$) |
| --- | --- | --- |
| 波形磨耗 | 0.08 | 0.5 |
| 动力附加荷载 | 0.4 | 2 |
| 行车平顺性 | 3.5 | 10 |

列车轨道参数　　　　　表 5-2

| 参数 | 车长(m) | 速度(km/h) | 最大轴重(kN) | 列车质量(kg) | 簧下质量(kg) |
| --- | --- | --- | --- | --- | --- |
| 数值 | 114 | 85 | 140 | 40304 | 750 |

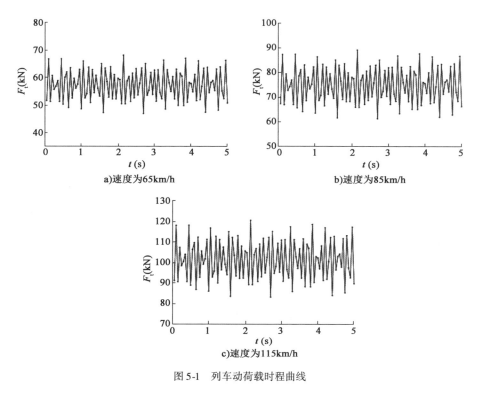

图 5-1 列车动荷载时程曲线

图 5-2 基坑与地铁 3 号线大运站高架线路相对位置

2) 等效静荷载模型

在列车荷载简化为静荷载的情况下,可运用以下列车动轮载经验公式:

$$P_d = P_j(1 + \alpha v) \tag{5-11}$$

式中:$P_d$——列车动荷载;

$P_j$——列车静轮载;

$\alpha$——动力冲击系数;

$v$——列车行驶速度。

本文计算模型中,列车单节车厢长度取 19m,B 型列车共 6 节车厢,取运行速度为 65km/h,列车轴重取 14t,列车静轮载取 70kN,对于轻轨列车 $\alpha$ 动力冲击系数一般取 0.005。当将列车动荷载简化为静荷载作用于轨道上时,由式(5-11)可知,速度为65km/h的列车对应的静轮载为92.8kPa。

### 5.2.2 三维有限元模型

1) 计算模型的假定

由于基坑工程在施工过程中的多变性以及不确定性,对基坑开挖的实际工况进行全面模拟很难现实。因此,数值模型与实际的现场工程原型存在合理的假定区别。根据勘查报告中的地质情况以及周边复杂环境,对深圳市龙岗区大运枢纽主体基坑邻近高架地铁车站的数值模拟中,做如下假定:

(1) 地层假设为均质的各向同性连续弹塑性材料。高架桥车站、承台与围护结构假定为线弹性体。基坑内部支撑以及格构柱采用梁单元,高架桥基桩以及坑底以下抗拔桩均采用嵌固式梁单元进行模拟。

(2) 用作围护结构的钻孔灌注桩采用荤素咬合搭配的形式,其受力方式与地下连续墙相近,本章依据等效刚度法原则,由式(5-12)将钻孔灌注桩转化为地下连续墙,并将地下连续墙视为均质弹性体。

$$(D+t)h^3/12 = \pi D^4/64 \tag{5-12}$$

式中:$D$——钻孔灌注桩直径;

$t$——桩间净距;

$h$——地下连续墙的等效厚度。

由式(5-12)可得:

$$h = 0.838D \sqrt[3]{1/(1+t/D)} \tag{5-13}$$

(3) 不考虑时间、空间效应对基坑开挖变形的影响。

(4) 不考虑基坑降水以及地下水对计算模型的影响。

2) 计算模型

主体基坑采用明挖顺作法施工,"整体开挖"的形式,共设置四道钢筋混凝土桁架支撑,具体支撑参数见表5-3。建立大型三维数值模型,其中主体基坑模型总长304.8m,最大宽度70.5m,最大开挖深度26.42m。同时为了减少边界尺寸对计算结果的影响,充分考虑深基坑与邻近高架车站的相对位置。土层分布及支互体系结构剖面布置如图5-3所示。保证计算模型的边界与开挖面的距离大于3倍的最大开挖深度,计算模型取沿$x$轴方向564m,沿$y$轴方向397m,沿$z$轴方向80m,三维数值模型如图5-4所示。基坑支护体系与地铁3号线高架桥相对位置模型如图5-5所示,其中蓝色区域代表高架桥。模型的边界条件采用四周约束水平方向、底部约束竖直方向以及顶部自由。

**主体基坑临时支撑参数**　　　　　　表 5-3

| 支撑 | 高程(m) | 主撑[宽×高(m×m)] | 腰梁[宽×高(m×m)] | 系梁[宽×高(m×m)] |
| --- | --- | --- | --- | --- |
| 第一道 | −2 | 1×1 | 1×1(冠梁) | 0.8×0.8 |
| 第二道 | −8.3 | 1×1.2 | 1.2×1.2 | 0.8×0.8 |
| 第三道 | −15.3 | 1.2×1.4 | 1.4×1.4 | 0.8×1 |
| 第四道 | −21.6 | 1.2×1.4 | 1.4×1.4 | 0.8×1 |

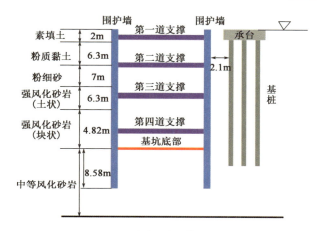

图 5-3　土层分布及支护体系结构剖面

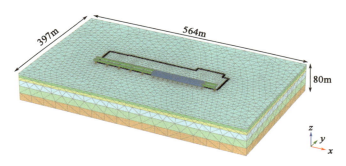

图 5-4　三维数值模型

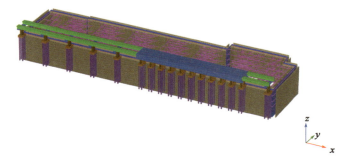

图 5-5　基坑支护体系与地铁 3 号线高架桥一体化模型

### 5.2.3 本构模型及参数

1)静力分析本构模型

目前国内外一般选取 Mohr-Coulomb 土体本构模型来模拟土体的应力应变特性,该模型简单实用且参数少。但 Mohr-Coulomb 作为标准的弹-理想塑性模型,其卸载模量与加载模量一致,应用于基坑开挖工程会导致坑底产生较大的回弹,因此只能用作基坑开挖的初步分析,而修正剑桥(MCC)模型由于可以很好地反映土体的弹性非线性变形以及由土体塑性应变产生的土体软化、硬化,比较适合大运枢纽基坑工程中涉及的土体。因此,本文选取 MCC 模型作为土体的本构关系模型。

在三轴应力状态下,平均主应力 $p$ 和偏应力 $q$ 分别为:

$$\begin{cases} p = \frac{1}{3}(\sigma_1 + 2\sigma_3) \\ q = \sigma_1 - \sigma_3 \end{cases} \tag{5-14}$$

式中:$\sigma_1$、$\sigma_3$——围压。

在破坏状态下,土体单元内的应力分量之间有如下关系:

$$q = Mp \tag{5-15}$$

式中:$M$——不同土样临界状态应力比。

MCC 模型在屈服状态下有如下关系:

$$\left(1 + \frac{q^2}{M^2 p^2}\right)p = p_0 \tag{5-16}$$

式中:$p_0$——初始状态下的应力。

孔隙率 $e$ 和 $p$ 之间可以通过 $e$-$p$ 或者 $e$-$\ln p$ 曲线来进行描述,临界状态线在 $e$-$\ln p$ 坐标平面内的投影直线斜率为 $k_1$,由正常固结线卸荷时得到不同应力比的回弹曲线斜率为 $k_2$。

假设初始压缩曲线和卸荷回弹曲线的斜率分别为 $k_1$ 和 $k_2$,则 $p_0$ 可以表示为:

$$p_0 = p_a e^{\left(\frac{1+e_a}{k_1 - k_2}\varepsilon_a^p\right)} \tag{5-17}$$

式中:$\varepsilon_c^p$——从初始状态到当前状态之间的体积压缩应变;

$e_a$——初始状态的孔隙比;

$p_a$——初始应力。

MCC 模型采用等向硬化法则,用硬化参数 $p_0$ 表示屈服面大小;参数 $k_1$ 和 $k_2$ 可用各向等压试验确定,$M$ 可由常规三轴压缩试验确定,由此 MCC 模型可以表示为:

$$\left(1 + \frac{q^2}{M^2 p^2}\right)p = p_a e^{\left(\frac{1+e_a}{k_1 - k_2}\varepsilon_a^p\right)} \tag{5-18}$$

## 2) 动力分析本构模型

列车动荷载是一个复杂的多自由度振动体系,并且其荷载大小是一个时间函数,随时间的变化而变化,所以需要把列车动荷载模拟成与实际情况相同的随机荷载。当列车经过时,除了列车直接作用在轨道上的荷载之外还存在列车经过引起高架轨道下方周围土体的振动作用。

Plaxis3D 程序动力分析理论建立在线弹性基础上,所有 Plaxis3D 中的本构模型都可以作用于动力分析。在静力分析时,有限元单元模型的边界上引入了指定边界位移。在单方向或者两个方向上,边界可以是完全自由或者完全固定。对于动力计算,原则上边界应该比静力计算所用边界更远,否则应力波将被反射,导致计算结果的失真。然而,将边界放到足够远的位置需要许多额外的单元和额外的内存和计算时间。Plaxis3D 中建立吸收边界的方法一般包含:使用半无限单元(边单元);调整边界上单元的材料参数(低刚度,高黏性);使用黏性边界(阻尼器)。这些方法各有优劣,应该根据具体问题而定。

为了执行动力效应,抵消反射,需要在边界上采取针对措施。Plaxis3D 使用黏性边界方法建立吸收边界,即用阻尼器来代替某个方向的固定约束。阻尼器要确保边界上的应力增加被吸收而不反弹,然后边界开始移动。所以本文中模型的动力边界条件采用四周设为黏弹性边界,又因为基坑底部的中等强风化砂岩可视为刚性基础,所以将基坑底部设置为固定边界条件。

## 3) 土工试验

### (1) 模型参数测定方法

MCC 模型中有三个特殊物理参数,本文选用重塑土样进行相关试验,具体含义及测定方法见表 5-4。

**特殊物理参数及测定方法**　　　　　表 5-4

| 参数 | 含义 | 测定方法 |
| --- | --- | --- |
| $M$ | 临界状态线斜率 | 常规固结不排水三轴剪切试验 |
| $\lambda$ | 正常固结线斜率 | 各项等压固结试验加载再卸载试验 |
| $\kappa$ | 回弹线斜率 | 各项等压固结试验加载再卸载试验 |

通过不同围压 $\sigma_3$ 下的固结不排水三轴剪切试验,将试样破坏峰值对应的 $p'$ 和 $q'$ 数值绘制在 $p'$-$q'$ 平面中,进行一元线性回归,直线的斜率即为临界状态线斜率 $M$。正常标准固结试验的试验过程为:首先按照一定荷载等级对试样进行逐级加载固结,当达到最大荷载时进行逐级卸载;然后将固结曲线和回弹曲线所对应的 $\ln p'$ 和 $\nu$ 值绘制在 $\nu$-$\ln p'$ 平面中,通过一元线性回归即可得到 $\lambda$ 和 $\kappa$ 值。

### (2) 试验步骤

固结不排水剪切试验:

①检查、校正 GDS 三轴试验仪器并安装试样,如图 5-6a)所示。

②反压饱和。

③围压固结。

④剪切破坏,存在主应力峰值时以轴向应变的20%作为破环状态,无明显峰值时以轴向应变的15%作为破环状态。

⑤调整不同的围压(100kPa、200kPa和300kPa)重复上述步骤。

标准固结试验:

①校正标准固结仪器并安装试样,如图5-6b)所示。

②逐级加载轴压(12.5kPa、25kPa、50kPa、100kPa、200kPa和400kPa)固结。

③逐级卸载轴压回弹,再进行下一级卸载。共进行两组平行试验。

a)GDS三轴试验仪器　　　　　　b)标准固结试验仪器

图5-6　土工试验

(3)试验结果分析

土样在不同围压下的偏应力和平均有效主应力见表5-5。不同土样临界状态应力比 $M$ 试验拟合曲线如图5-7所示,其中 $R^2$ 表示拟合优度,值越接近1,吻合程度越高,越接近0,则吻合程度越低。经拟合分析后可知:素填土的 $M$ 值为0.911;粉质黏土的 $M$ 值为0.987;粉细砂的 $M$ 值为1.247。

不同围压下的偏应力和平均有效主应力　　表5-5

| 土样 | 围压 $\sigma_3$(kPa) | 偏应力 $q$(kPa) | 有效平均主应力 $p'$(kPa) |
| --- | --- | --- | --- |
| 素填土 | 100 | 87.6 | 79.6 |
|  | 200 | 114.3 | 103.9 |
|  | 300 | 198.5 | 180.5 |
| 粉质黏土 | 100 | 92.3 | 94.8 |
|  | 200 | 145.7 | 152.6 |
|  | 300 | 214.5 | 218.7 |
| 粉细砂 | 100 | 78.9 | 65.2 |
|  | 200 | 143.1 | 118.3 |
|  | 300 | 235.6 | 194.7 |

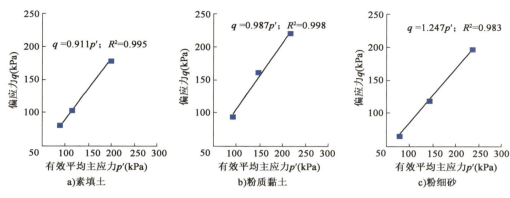

图 5-7 临界状态应力比 M 试验拟合曲线

标准固结试验下不同土样均做两组平行试验，$\lambda$ 值和 $\kappa$ 值最终结果取算术平均值。标准固结试验下不同土样的 $\lambda$ 值和 $\kappa$ 值拟合曲线如图 5-8 ~ 图 5-10 所示。由图 5-8 ~ 图 5-10 拟合可得：在标准固结试验下，素填土的 $\lambda$ 平均值为 0.179，$\kappa$ 平均值为 0.037；粉质黏土的 $\lambda$ 平均值为 0.253，$\kappa$ 平均值为 0.046；粉细砂的 $\lambda$ 平均值为 0.075，$\kappa$ 平均值为 0.008。

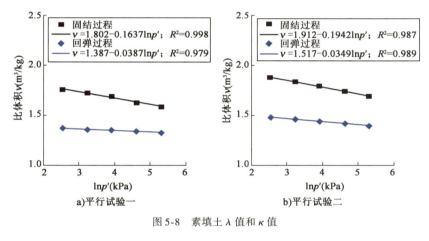

图 5-8 素填土 $\lambda$ 值和 $\kappa$ 值

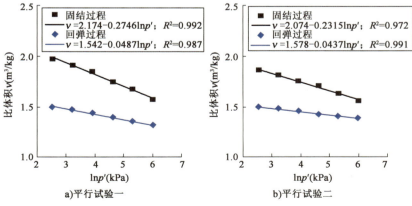

图 5-9 粉质黏土 $\lambda$ 值和 $\kappa$ 值

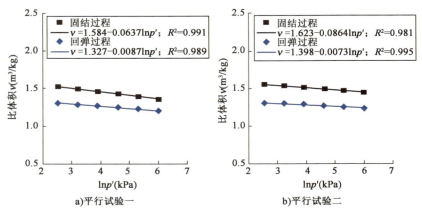

图 5-10 粉细砂 $\lambda$ 值和 $\kappa$ 值

### 4）计算参数

最终得到各土层参数见表 5-6。

各土层参数    表 5-6

| 土层 | 重度 (kN/m³) | 黏聚力 (kPa) | 内摩擦角 (°) | 弹性模量 (MPa) | 泊松比 | $\lambda$ | $\kappa$ | $M$ |
|---|---|---|---|---|---|---|---|---|
| 素填土 | 18.5 | 23.7 | 24.7 | 6.6 | 0.23 | 0.179 | 0.037 | 0.911 |
| 粉质黏土 | 19.2 | 27.7 | 19.6 | 10.32 | 0.38 | 0.253 | 0.046 | 0.987 |
| 粉细砂 | 19.2 | 25.1 | 21.8 | 22.51 | 0.33 | 0.075 | 0.008 | 1.247 |
| 强风化砂岩（土状） | 19.7 | 31.9 | 23.3 | 87.2 | 0.25 | 0.04 | 0.004 | 0.9 |
| 强风化砂岩（块状） | 22 | 500 | 46 | 130 | 0.22 | 0.026 | 0.003 | 0.9 |
| 中等风化砂岩 | 27 | — | — | 270 | 0.17 | — | — | — |

根据主体基坑支护结构方案将钻孔灌注桩等效为厚度 1.2m 的地下连续墙，用板单元模拟，围护结构参数见表 5-7；内支撑用梁单元模拟，内支撑参数见表 5-8；格构柱、坑底抗拔桩、高架桥基桩（用 Embedded 桩模拟）以及高架桥上部结构参数见表 5-9。

围护结构参数    表 5-7

| 围护结构 | 厚度(m) | 重度(kN/m³) | 弹性模量(kN/m²) | 泊松比 |
|---|---|---|---|---|
| 板单元 | 1、1.2 | 24 | $3.5 \times 10^7$ | 0.2 |

内支撑参数    表 5-8

| 支撑 (梁单元) | 高程 (m) | 弹性模量 (kN/m²) | 重度 (kN/m³) | 泊松比 | 惯性矩 $I_2$ (m⁴) | 惯性矩 $I_3$ (m⁴) |
|---|---|---|---|---|---|---|
| 第一道 | -2 | $3.35 \times 10^7$ | 24 | 0.2 | 0.08333 | 0.08333 |
| 第二道 | -8.3 | $3.35 \times 10^7$ | 24 | 0.2 | 0.1440 | 0.1 |
| 第三道 | -15.3 | $4 \times 10^7$ | 24 | 0.2 | 0.2744 | 0.2016 |
| 第四道 | -21.6 | $4 \times 10^7$ | 24 | 0.2 | 0.2744 | 0.2016 |

**其他参数**

表 5-9

| 项目 | 尺寸 | 弹性模量（kN/m²） | 重度（kN/m³） | 泊松比 | 惯性矩 $I_2$（m⁴） | 惯性矩 $I_3$（m⁴） |
|---|---|---|---|---|---|---|
| 格构柱 | 宽×高（0.8m×0.8m） | $2 \times 10^7$ | 30 | 0.2 | 0.0341 | 0.0341 |
| 抗拔桩 | 直径（$R=2.5$m） | $3 \times 10^7$ | 32 | 0.2 | 1.91748 | 1.91748 |
| 高架桥基桩 | 直径（$R=1.2$m） | $3 \times 10^7$ | 32 | 0.2 | 0.6603 | 0.6603 |
| 高架桥上部结构 | — | $3.2 \times 10^7$ | 30 | 0.2 | — | — |

### 5.2.4 研究方案设计

本文考虑实际工程施工情况，为评价列车荷载对基坑开挖和高架桥桩基础的影响，分别选取列车速度为 65km/h、85km/h、115km/h 的动荷载对比无列车荷载以及等效列车静荷载进行分析。施工模拟步骤具体如下：

（1）初始地应力场的生成，计算至平衡状态；

（2）施作地铁 3 号线大运高架，在列车轨道上按照不同荷载条件施加列车荷载（无列车荷载、列车等效静荷载 $P=92.8$kPa、列车速度为 65km/h 动荷载、列车速度为 85km/h 动荷载、列车速度为 115km/h 动荷载），计算至平衡状态；

（3）施作主体基坑围护结构和界面单元，计算至平衡状态；

（4）主体基坑开挖至地表以下 $-2$m 处位置，施作第一道支撑（工况一）；

（5）主体基坑开挖至地表以下 $-8.3$m 处位置，施作第二道支撑（工况二）；

（6）主体基坑开挖至地表以下 $-15.3$m 处位置，施作第三道支撑（工况三）；

（7）主体基坑开挖至地表以下 $-21.6$m 处位置，施作第四道支撑（工况四）；

（8）主体基坑开挖至基坑底部（$-26.42$m 处位置）（工况五）。

## 5.3 主体基坑分析

### 5.3.1 围护结构水平位移

围护结构测点布置如图 5-11 所示，选取围护结构代表性测点 A、B 两点。其中 A 测点靠近高架线路一侧，B 测点远离高架线路一侧。

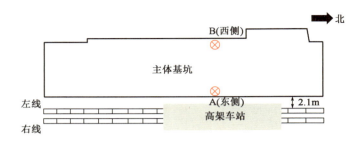

图 5-11 围护结构测点布置图

1) 列车静荷载作用下围护结构水平位移

图 5-12 为围护结构在列车等效静荷载作用下不同工况的水平位移整体变化云图。从图 5-12 中可以发现,基坑开挖深度与围护结构的水平位移成正比,最大水平位移对应位置随基坑开挖逐渐下移,与大部分狭长深基坑变形规律一致。但由于基坑东侧紧邻高架地铁车站,在列车等效静荷载影响下,紧邻高架地铁的围护结构水平位移相比于远离高架地铁车站的大,两侧围护结构的水平位移表现出明显的不对称性。

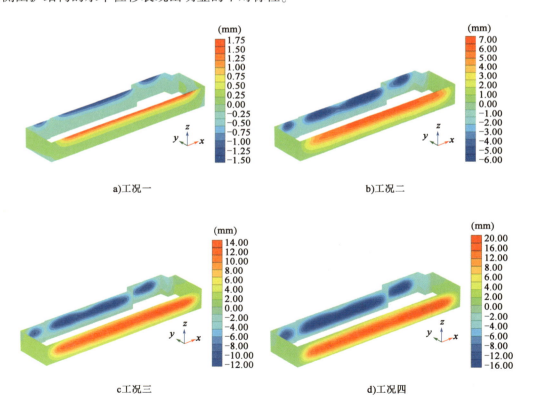

图 5-12

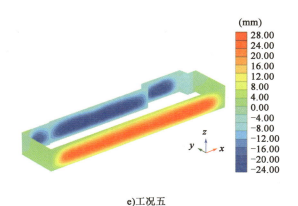

e) 工况五

图 5-12 围护结构水平位移变化云图

等效列车静荷载作用下围护结构水平位移对比曲线如图 5-13 所示,结合云图,从变形趋势以及数值上看,在基坑开挖初期(工况一),围护结构的变形主要发生在墙顶部位,变形趋势呈现悬臂状。究其原因是基坑开挖较浅,还未架设支撑,导致围护墙顶的位移变化最大。随着基坑开挖深度的增加,围护结构的变形主要发生在墙体腹部位置,变形趋势呈现"弓"形状,同时,最大的水平位移对应的位置也随之下移且在开挖面附近。围护结构底部变形较小,是由于其底部嵌入到坚硬岩层的原因。在开挖到基坑底部时(工况五),围护结构最大位移为 25.48mm,位于靠近高架一侧的 A 测点,且此时墙顶位移变化逐渐减小。主要原因是随着开挖后各道支撑的架设会使基坑长边方向围护整体强度提高。

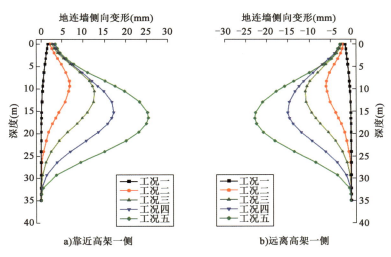

图 5-13 等效列车静荷载作用下围护结构水平位移对比曲线

对比分析靠近高架车站与远离高架车站围护结构的水平位移可以发现两者的变形规律基本一致。待基坑开挖完成后,靠近高架一侧以及远离高架一侧围护结构的最大位移分别为 25.48mm 和 22.71mm,两者相差 2.77mm。由此可见,在高架线路等效列车静荷载作用下,两侧基坑围护结构水平位移出现明显不对称性,在列车等效静荷载作用下,对靠近高架线路一侧围护结构的变形影响更大。

2）列车动荷载作用下围护结构水平位移

本小节着重探究施加不同列车荷载对基坑开挖初期（工况一）、开挖中期（工况三）以及开挖后期（工况五）三种工况下围护结构的变形规律。围护结构最大水平位移具体数值见表5-10。

围护结构最大水平位移　　　　表5-10

| 工况 | 测点 | 不同荷载边界条件下最大水平位移(mm) | | | | |
|---|---|---|---|---|---|---|
| | | 无列车荷载 | 等效静荷载 | 速度为65km/h | 速度为85km/h | 速度为115km/h |
| 一 | A | 1.37 | 1.6 | 1.64 | 1.67 | 1.7 |
| | B | 1.19 | 1.39 | 1.42 | 1.45 | 1.47 |
| 三 | A | 10.72 | 12.7 | 13.34 | 13.58 | 13.85 |
| | B | 10.72 | 10.83 | 10.96 | 11.11 | 11.28 |
| 五 | A | 22.48 | 25.48 | 26.8 | 27.64 | 28.52 |
| | B | 22.46 | 22.71 | 22.98 | 23.29 | 23.63 |

不同列车荷载作用下围护结构的水平位移对比曲线如图5-14~图5-16所示。经对比分析得出以下结论：

（1）在相同荷载边界条件作用下，基坑开挖初期，围护结构位移的变化主要体现在墙顶位置，这是因为在开挖初期基坑未架设支撑，由围护结构独自承担坑内土体卸荷所带来的应力释放。随着开挖深度的增加，地表处围护结构水平位移增长幅度减小，这是因为随着开挖后各道支撑的布置，会使基坑的长边方向的整体强度得到提升。围护结构的整体变形趋势由基坑开挖初期的"悬臂"状到开挖后期的"弓"形状，墙体的腹部向基坑内部突出。

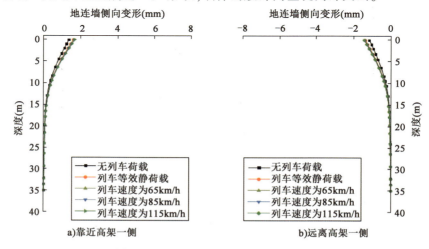

图5-14　工况一围护结构水平位移对比曲线

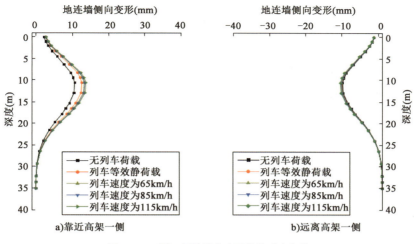

图 5-15　工况三围护结构水平位移对比曲线

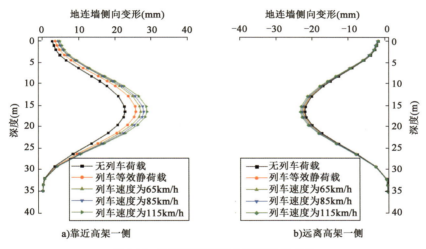

图 5-16　工况五围护结构水平位移对比曲线

（2）考虑不同荷载边界条件作用下基坑两侧围护结构的变形规律,可以发现随着列车速度的增加,靠近高架一侧围护结构水平位移增幅较大,而远离高架一侧增幅较小,受列车荷载的影响不大。对于靠近高架一侧（工况五）,115km/h 列车动荷载作用与等效静荷载作用相比,靠近高架一侧围护结构最大水平位移增加了 11.9%,115km/h 列车动荷载作用与不考虑列车荷载作用相比,靠近高架一侧围护结构最大水平位移增加了 26.9%;对于远离高架一侧（工况五）,115km/h 列车动荷载作用与等效静荷载作用相比,远离高架一侧围护结构最大水平位移增加了 4.1%,115km/h 列车动荷载作用与不考虑列车荷载作用相比,远离高架一侧围护结构最大水平位移增加了 5.2%。上述数据分析表明,列车动荷载对基坑两侧围护结构的变形均有不同程度的影响,尤其是对靠近高架一侧影响尤为明显,两侧围护结构侧移表现出明显的不对称性,宜对基坑两侧围护结构区别设计。

(3)随着列车速度的增加,围护结构的最大水平位移均有不同程度的增加。列车速度为85km/h 和 115km/h 时,靠近高架一侧围护结构最大水平位移分别为 27.64mm 和 28.52mm,此时围护结构最大水平位移距离规范控制值的安全储备较小,处于预警阶段。而列车速度为 65km/h 时围护结构的最大水平位移为 26.8mm,距离围护结构最大水平位移距离规范控制值 30mm 仍有 11% 的安全储备值。因此,列车最安全速度是 65km/h,控制列车速度对于基坑开挖的稳定性和安全性具有重要的作用。

### 5.3.2 围护结构弯矩

围护结构弯矩测点布置同围护结构测点布置选取的测点位置一致。选取围护结构代表性测点 A、B 两点。其中 A 测点靠近高架线路一侧,B 测点远离高架线路一侧。

1)列车静荷载作用下围护结构弯矩

图 5-17 为围护结构在列车静荷载作用下各计算工况对应的弯矩分布曲线。从图 5-17 来看,围护结构的最大弯矩值位置点随基坑开挖逐渐下移,并且在施作混凝土支撑处的墙体弯矩产生了明显的内凹现象,表明施作混凝土支撑对围护结构内力和变形都起到了有效的约束作用。

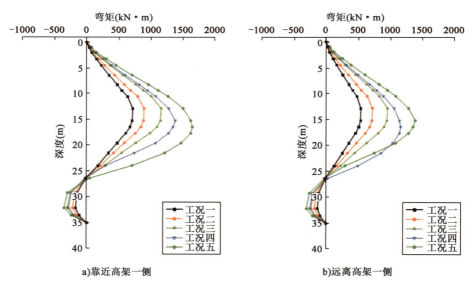

图 5-17 等效列车静荷载作用下围护结构弯矩对比

在列车静荷载作用下,围护结构的弯矩值随基坑开挖不断增大,各工况下的弯矩变形曲线走势基本一致,最大正、负弯矩分别出现在围护结构 16.5m、32.2m 左右的位置。对比分析靠近高架车站一侧和远离高架车站一侧围护结构弯矩变化规律可知:靠近高架车站一侧和远离高架车站一侧围护结构在基坑开挖完成后最大弯矩分别为 1654.1kN·m 和 1384.3kN·m,差值为 269.8kN·m，弯矩增幅 19.5%。由此可见，靠近高架车站一侧的围护结构在列车等效静荷载作用下的弯矩值要大于远离高架车站一侧，说明靠近高架车站一侧施工对于基坑开挖的安全性尤为重要。

2）列车动荷载作用下围护结构弯矩

本小节着重探究施加不同列车荷载对基坑开挖初期（工况一）、开挖中期（工况三）以及开挖后期（工况五）三种工况下围护结构弯矩的变化规律。围护结构最大弯矩具体数值见表 5-11。

围护结构最大弯矩  表 5-11

| 工况 | 测点 | 不同荷载边界条件下围护结构最大弯矩(kN·m) | | | | |
|---|---|---|---|---|---|---|
| | | 无列车荷载 | 列车等效静荷载 | 列车速度为 65km/h | 列车速度为 85km/h | 列车速度为 115km/h |
| 一 | A | 576.6 | 720.8 | 760.4 | 806.1 | 862.5 |
| | B | 578.3 | 585.3 | 593.8 | 603.3 | 613.3 |
| 三 | A | 862.8 | 1166 | 1224.3 | 1303.9 | 1408.2 |
| | B | 861.5 | 874.9 | 888 | 902.7 | 917.1 |
| 五 | A | 1240.6 | 1654.1 | 1753.3 | 1884.8 | 2035.6 |
| | B | 1238.2 | 1259.2 | 1280.6 | 1301.1 | 1320.6 |

不同列车荷载作用下围护结构的弯矩对比曲线如图 5-18～图 5-20 所示。经对比分析得出以下结论：

（1）围护结构上部表现为正弯矩，说明结构上部外侧受压内侧受拉；围护结构下部表现为负弯矩，说明围护结构下部外侧受拉内侧受压。随着基坑的开挖，围护结构的弯矩变化规律与列车静荷载作用时基本一致。

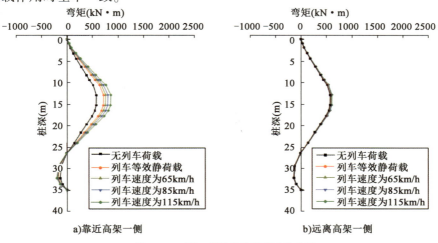

图 5-18 工况一围护结构弯矩对比曲线

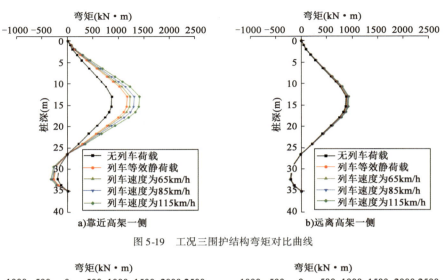

图 5-19 工况三围护结构弯矩对比曲线

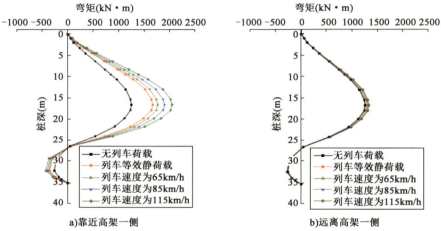

图 5-20 工况五围护结构弯矩对比曲线

（2）随着列车速度的增加，靠近高架一侧围护结构弯矩增幅较大，而远离高架一侧增幅较小，受列车荷载的影响不大。对于靠近高架一侧（工况五），115km/h 列车动荷载作用与等效静荷载作用相比，围护结构最大弯矩增加了 23.1%，115km/h 列车动荷载作用与不考虑列车荷载作用相比，最大弯矩由 1240.6kN·m 增加到 2035.6kN·m，增加了 64.1%；对于远离高架一侧（工况五），115km/h 列车动荷载作用与等效静荷载作用相比，围护结构最大弯矩增加了 4.9%，115km/h 列车动荷载作用与不考虑列车荷载作用相比，最大弯矩由 1238.2kN·m 增加到 1320.6kN·m，增加了 6.7%。

上述数据分析表明，列车动荷载对基坑两侧围护结构的内力均有不同程度的影响，尤其是对靠近高架一侧影响尤为明显，两侧围护结构内力表现出明显的不对称性，列车动荷载主要影响区域为靠近高架车站一侧，而对远离高架车站一侧的围护结构内力影响较小，因此宜对基坑两侧围护结构区别设计。

## 5.3.3 基坑隆起

如图 5-21 选取沿基坑宽度方向靠近高架车站 1-1 断面进行坑底隆起分析,基坑开挖本质上是一个土体卸荷的过程,坑内土体移除后,坑外土体会挤压围护结构使其产生变形,进而导致基坑底部土体产生向上的隆起变形。工程上隆起变形主要分为两种:第一种为弹性隆起,表现为坑底中部隆起量最大;第二种为塑性隆起,表现为"两边大中间小"的形式。

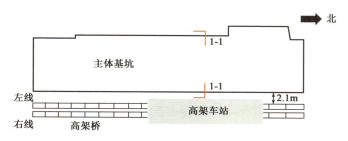

图 5-21 基坑底部隆起断面

### 1) 列车静荷载作用下坑底隆起

图 5-22 为基坑底部竖向位移云图,图 5-23 为列车静荷载作用下的坑底隆起曲线。从图 5-23 可以看出,在列车静荷载作用下,基坑开挖越深,坑底隆起越大,沿基坑宽度方向取点,曲线呈现出"中间大两头小"的形式。在基坑横向中部的位置隆起最大,在开挖至坑底时隆起达到最大值,最大位移为 19.8mm。在基坑边缘位置隆起最小,最小值为 8.4mm。主要的原因是基坑开挖过程中围护结构对于邻近土体的强约束作用。

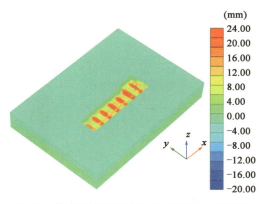

图 5-22 等效列车静荷载作用下基坑底部 $z$ 方向位移

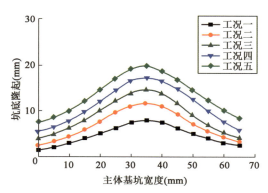

图 5-23 不同工况下坑底土体隆起变形曲线

### 2) 列车动荷载作用下坑底隆起

本小节着重探究施加不同列车荷载对基坑开挖初期(工况一)、开挖中期(工况三)以及开挖后期(工况五)三种工况下基坑底部隆起的变化规律。坑底最大隆起具体数值见表 5-12。

坑底最大隆起量　　　　　　　　　　　　　表 5-12

| 工况 | 不同荷载边界条件下坑底最大隆起量(mm) | | | | |
|---|---|---|---|---|---|
| | 无列车荷载 | 列车等效静荷载 | 列车速度为65km/h | 列车速度为85km/h | 列车速度为115km/h |
| 一 | 6.4 | 8 | 8.8 | 9.86 | 11.2 |
| 三 | 10 | 14.7 | 16 | 17.6 | 19.7 |
| 五 | 15.4 | 19.8 | 21.4 | 23.5 | 26.3 |

不同列车荷载作用下坑底最大隆起对比曲线如图 5-24 所示，经对比分析后可知：

（1）对于狭长深基坑，沿基坑宽度方向取点，可以看出，坑底隆起随基坑开挖逐渐变大，曲线呈现出"中间大两头小"的形式。在不同列车荷载作用下对比不同工况下的坑底隆起，可以发现不同列车荷载对坑底土体隆起程度影响不同，但隆起变形趋势基本一致。在开挖至坑底时隆起量达到最大且最大隆起位于基坑中部位置。

（2）对比不同荷载边界条件作用下坑底隆起变化规律（工况五），由无列车荷载到列车等效静荷载作用下，坑底最大隆起增幅 28.6%；等效列车静荷载到列车速度 65km/h 作用下，坑底最大隆起增幅 8.1%；列车速度 65km/h 到列车速度 85km/h 作用下，坑底最大隆起增幅 9.8%；列车速度 85km/h 到列车速度 115km/h 作用下，坑底最大隆起增幅 11.9%。分析后可知，相比列车静荷载作用，由于列车速度的增加所产生的附加动荷载是加剧坑底隆起的次要原因，坑底隆起的主要原因为列车静荷载，但是列车动荷载产生的附加隆起不可忽视。

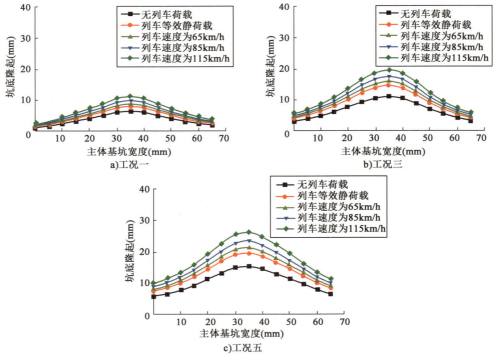

图 5-24　不同荷载边界条件作用下坑底隆起曲线

### 5.3.4 基坑周边地表沉降

基坑周边地表沉降测点选取如图 5-25 所示。沿基坑宽度方向在靠近高架桥和高架车站共选取两个断面，分别为 M1 和 M2 断面，断面每间隔 4m 选定一个测点，共选取 12 个测点。

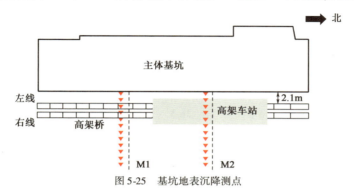

图 5-25　基坑地表沉降测点

1) 列车静荷载作用下周边地表沉降

不同工况下各断面地表沉降曲线对比如图 5-26 所示。从图 5-26 可以看出，地表沉降量随基坑开挖逐渐增大，沉降类型属于"凹槽形"且基坑边缘位置的土体沉降速率随基坑开挖深度的增大而增快。M1 和 M2 断面虽然在地铁 3 号线大运站高架同一侧，但是却表现出明显的差异沉降，在土体沉降速率方面，M1 断面墙后土体沉降速率明显小于 M2 断面；在基坑开挖完成后，M1 断面最大沉降值为 22.4mm，最大沉降距基坑边缘 16m；M2 断面最大沉降值为 27.4mm，最大沉降距基坑边缘 12m，两断面差异沉降约 5mm，产生差异沉降的主要原因可能是 M1 断面位于地铁 3 号线高架桥附近，而 M2 断面位于地铁 3 号线高架车站附近，高架车站自重远远超过高架桥。

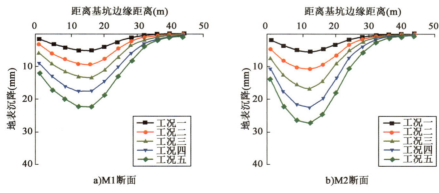

图 5-26　不同工况下各断面地表沉降曲线对比

2) 列车动荷载作用下周边地表沉降

本小节着重探究施加不同列车荷载对基坑开挖初期（工况一）、开挖中期（工况三）以及开挖后期（工况五）三种工况下靠近地铁 3 号线高架线路一侧地表沉降变化规律。不同荷载边界条件在不同工况下周边地表沉降见表 5-13。

**不同荷载边界条件在不同工况下周边地表沉降** 表 5-13

| 工况 | 断面 | 不同荷载边界条件下周边地表沉降（mm） | | | | |
|---|---|---|---|---|---|---|
| | | 无列车荷载 | 列车等效静荷载 | 列车速度为 65km/h | 列车速度为 85km/h | 列车速度为 115km/h |
| 一 | M1 | 3.8 | 5.1 | 5.3 | 5.7 | 6.1 |
| | M2 | 4 | 5.4 | 5.7 | 6.1 | 6.5 |
| 三 | M1 | 10.1 | 13.3 | 14.1 | 15.2 | 16.2 |
| | M2 | 12.6 | 16.5 | 17.2 | 18.3 | 19.5 |
| 五 | M1 | 16.2 | 22.4 | 23.4 | 24.6 | 26.2 |
| | M2 | 20 | 27.4 | 28.7 | 30.3 | 32.1 |

不同列车荷载作用下地表沉降对比曲线对比如图 5-27 ~ 图 5-29 所示，对比分析后可知：

（1）由图 5-27 ~ 图 5-29 可以看出，在相同荷载边界条件下随着基坑开挖深度的不断增加，高架线路一侧地表土体逐渐下沉，在距离基坑边缘一定距离位置土体的沉降速率最大，沉降类型属于"凹槽形"。以列车速度 115km/h 为例，工后地表最大沉降值为 32.1mm，位于地铁 3 号线高架车站的 M2 断面，处于基坑边缘 12m 位置处，约为 0.45 倍的开挖深度；位于高架桥的 M1 断面地表最大沉降为 26.2mm，处于基坑边缘 16m 位置处，约 0.61 倍的开挖深度，两断面最大沉降差异约 5.9mm，产生差异沉降的原因是高架车站自重远超过高架桥以及列车动荷载作用的结果。

（2）考虑不同荷载边界条件作用下靠近高架线路一侧地表沉降变化规律，可以发现，随着列车速度的增加，地表沉降逐渐增大。以靠近高架车站 M2 断面为例（工况五），115km/h 列车动荷载作用与等效静荷载作用相比，最大地表沉降增加了 17.2%，115km/h 列车动荷载作用与不考虑列车荷载作用相比，最大地表沉降由 20mm 增加到 32.1mm，增加了 60.5%。由此可见，列车荷载对靠近高架线路一侧地表沉降影响显著，其影响范围约 10 ~ 20mm，在不同列车运行速度下，M2 断面最大沉降变化幅度为 1.8mm。

（3）从列车速度引起的地表沉降变化规律可知（工况五），列车速度为 65km/h 时引起的最大地表沉降相比静荷载作用增加约 4.7%，而列车速度 115km/h 作用下相比列车速度 65km/h 作用下引起的沉降增加约 12%。从地表沉降规范控制分析可知，列车速度为 115km/h 时，最大沉降为 32.1mm，超过变形控制预警值 32mm 的要求；当列车速度为 85km/h 时，最大沉降为 30.1mm，此时安全储备较小；而列车速度为 65km/h 时，最大沉降为 28.7mm，此时地表沉降离变形控制预警仍有 11.5% 的安全储备。从列车动荷载对地表沉降影响的角度分析，列车速度过快会引起靠近高架一侧路面产生较大的沉降，从而威胁列车运营安全，因此，施工过程中有必要对列车采取限速 65km/h 的安全措施。

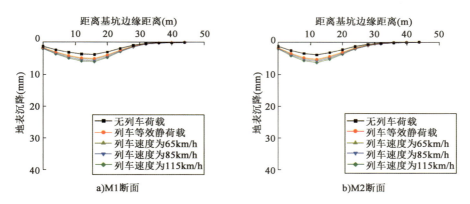

图 5-27 工况一下各断面地表沉降曲线对比

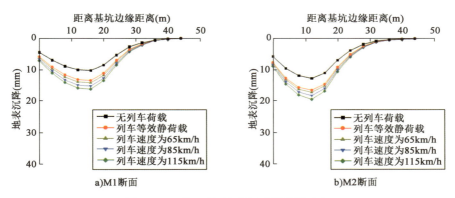

图 5-28 工况三下各断面地表沉降曲线对比

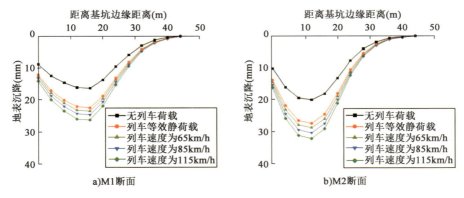

图 5-29 工况五下各断面地表沉降曲线对比

## 5.3.5 内支撑轴力

轴力断面测点选取如图 5-30 所示。主体基坑由于开挖深度较大,内支撑系统采用四道混凝土支撑。不同荷载边界条件作用下的支撑轴力见表 5-14。

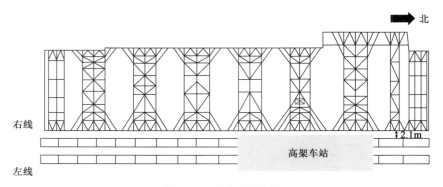

图 5-30　轴力断面测点图

**不同荷载边界条件下的支撑轴力**　　表 5-14

| 轴力计算位置 | 轴力值(kN) | | | | |
|---|---|---|---|---|---|
| | 无列车荷载 | 列车等效静荷载 | 列车速度为65km/h | 列车速度为85km/h | 列车速度为115km/h |
| 第一道支撑 | 7231 | 7254 | 7256 | 7258 | 7259 |
| 第二道支撑 | 9452 | 9546 | 9431 | 9289 | 9103 |
| 第三道支撑 | 11248 | 11327 | 11236 | 11129 | 11017 |
| 第四道支撑 | 13327 | 13406 | 13540 | 13756 | 14086 |

对比不同列车荷载作用下的支撑轴力,可以得出以下结论:

(1)由表5-14可知,列车荷载作用对第一道混凝土支撑的轴力影响很小,相比无列车荷载,轴力增幅不到1%;对比第二、三道混凝土支撑轴力的影响规律,发现列车静荷载起到轴力增大的作用,相比无列车荷载,增幅分别为1%和0.7%,而列车动荷载起到轴力减弱作用,相比列车静荷载,当速度为115km/h时,第二、三道混凝土支撑轴力分别减小443kN和310kN,减幅分别为4.6%和2.7%;对于第四道混凝土支撑轴力,列车静荷载、动荷载均起到轴力增大的作用,速度为115km/h相比无列车荷载,轴力增幅5.7%。综上可知,列车荷载对支撑轴力影响较小。

(2)在基坑模拟施工过程中,无列车荷载、等效列车静荷载、列车速度65km/h、列车速度85km/h以及列车速度115km/h作用下支撑的最大轴力均在标准控制范围(16000kN)内,表明支撑在这些荷载条件下的施工是处于安全范围内的,同时也表明,支撑轴力仍有较大利用空间,宜对设计方案进一步优化。

## 5.4　高架桥桩基础分析

### 5.4.1　高架桥承台沉降

高架桥承台提高了下部基桩整体稳定性,增强了其协调变形性能,因此,探究高架桥承台基础的沉降变形对高架线路列车的正常运营具有重要意义。高架桥承台测点布置如图 5-31 所示，由南向北承台基础依次为 AT-01、AT-02、AT-03、AT-04、AT-05、AT-06、AT-07、AT-08、AT-09、AT-10、AT-11、AT-12。本节通过对比分析，探究不同列车荷载条件下工后承台的最大沉降变化规律。

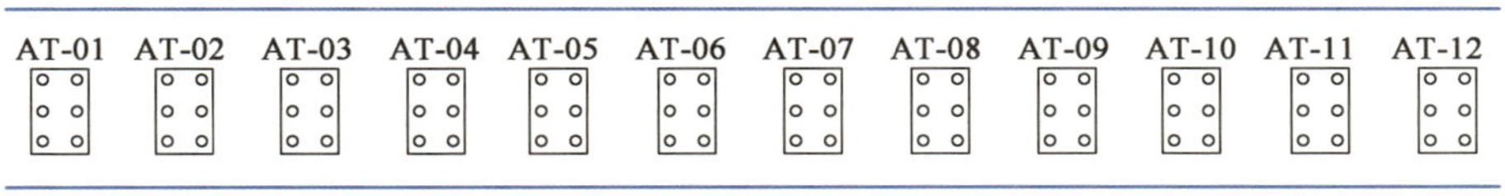

![图5-31 高架桥承台测点布置图]

图 5-31　高架桥承台测点布置图

承台基础在不同荷载条件下的最大沉降曲线如图 5-32 所示。通过对比分析可以得出以下结论：

（1）图 5-32 表明，随着列车速度的增加，高架承台基础沉降均有不同程度的增幅，在无列车荷载作用下，各承台最大沉降值均控制在 2mm 范围以内；列车静荷载作用下，最大沉降 2.7mm 出现在 AT-10 号承台位置；在列车速度 65km/h 作用下，最大沉降 2.8mm 出现在 AT-10 号承台位置；在列车速度 85km/h 作用下，最大沉降 3mm 出现在 AT-11 号承台位置；在列车速度 115km/h 作用下，最大沉降 3.2mm 出现在 AT-08 号承台位置。

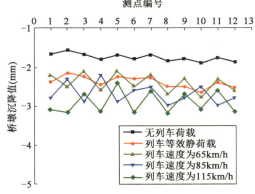

图 5-32　承台基础最大沉降值

列车静荷载相比无列车荷载作用下，承台最大沉降增幅 35%；列车速度 115km/h 作用下相比列车静荷载作用下，承台最大沉降增幅 18.5%，可见对于承台最大沉降，列车静荷载起主导作用，而列车动荷载对承台沉降影响则体现在相邻承台的不均匀沉降。在无列车荷载和等效静荷载作用下，相邻两承台的最大不均匀沉降值分别为 0.13mm 和 0.27mm，在列车速度为 65km/h、85km/h 和 115km/h 动荷载作用下，相邻两承台的最大不均匀沉降值分别为 0.5mm、0.7mm 和 0.78mm，列车荷载作为偏压荷载，当速度增大时，从力学角度分析其产生的附加动荷载不断增大，但总体而言，列车静荷载起主导作用，但列车动荷载对高架桥桩基承台的影响不能忽视。

（2）图 5-32 表明，在无列车荷载、等效列车静荷载、列车速度 65km/h、列车速度 85km/h 和列车速度 115km/h 作用下，邻近地铁 3 号线大运站高架承台在基坑开挖过程中导致的竖向沉降值都很小，最大沉降值均不超过 4mm；相邻两承台不均匀沉降最大值控制在安全范围内，结果均表明承台的沉降控制良好，在基坑开挖施工过程中对承台以及承台下方基桩沉降影响不大。

### 5.4.2 高架桥基桩水平位移

基坑开挖会对周边土体产生扰动,导致邻近基桩产生位移和附加弯矩,从而影响上部高架结构以及列车的安全行驶,因此,研究基坑开挖对邻近既有运营高架线路桩基础的影响意义重大。本节选取邻近主体基坑的地铁 3 号线大运高架车站 AT-08 承台下方的 2 号基桩,探究不同列车荷载作用下基桩的变形规律。基桩与基坑位置关系如图 5-33 所示。

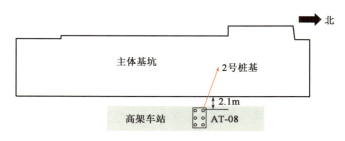

图 5-33 2 号基桩与基坑位置关系

1)列车静荷载作用下高架桥基桩水平位移

列车静荷载作用下 2 号基桩的水平位移变形曲线如图 5-34 所示。各工况计算结果显示均为平滑曲线。其中横坐标表示桩体水平位移变化量,纵坐标表示桩身长度,正值表示基桩往西侧(坑内)变形。通过对比分析,可得列车静荷载作用下基坑开挖引起高架桥基桩的变形规律,结论如下:

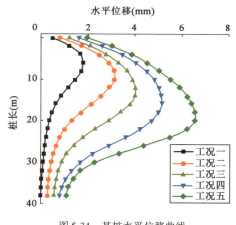

图 5-34 基桩水平位移曲线

(1)由图 5-34 可知,基桩的水平位移随基坑开挖逐渐增大,并且最大位移对应位置不断下移,桩身水平位移沿桩身轴向呈现先减小再增大最后再减小的趋势,并以"弯曲"变形呈现。不同工况下的最大水平位移大致处于基坑开挖面附近。在列车静荷载作用下,2 号基桩的最大位移为 6.6mm,位于桩身 18m 处,约 0.68 倍的开挖深度。

(2)由于承台对基桩的水平位侧约束能力较强,因此在开挖过程中,基桩顶部水平位移变化很小,基本控制在 2mm 范围以内。综合分析可得,在列车静荷载作用下基坑开挖过程中基桩整体变形较小,表明大运主体基坑支护结构设计合理。

2)列车动荷载作用下高架桥基桩水平位移

本小节着重探究施加不同列车荷载对基坑开挖初期(工况一)、开挖中期(工况三)以及开挖后期(工况五)三种工况下 2 号基桩的变形规律。基桩最大水平位移具体数值见表 5-15。

**基桩最大水平位移**  表 5-15

| 工况 | 基桩编号 | 基桩最大水平位移(mm) | | | | |
|---|---|---|---|---|---|---|
| | | 无列车荷载 | 列车等效静荷载 | 列车速度为 65km/h | 列车速度为 85km/h | 列车速度为 115km/h |
| 一 | 2号 | 1.44 | 1.8 | 1.89 | 1.99 | 2.12 |
| 三 | | 3.14 | 4.02 | 4.26 | 4.58 | 4.99 |
| 五 | | 5.24 | 6.55 | 6.88 | 7.36 | 8.09 |

不同荷载边界条件下高架桥基桩变形曲线如图 5-35 所示。对比分析不同荷载边界条件下基坑开挖过程中高架桥 2 号基桩的变形规律，可以得出以下结论：

（1）由图 5-35 可知，基桩在不同荷载边界条件下，基坑开挖过程中整体变形趋势一致，呈现"弯曲式"变形；随着基坑开挖，基桩的最大水平位移逐渐下移，最大水平位移对应位置大致处于基坑开挖面附近；待基坑开挖完成后，最大水平位移位于桩身中部位置。基桩顶部水平位移均很小，究其原因是基坑开挖过程中高架承台对于基桩顶部的强约束作用。

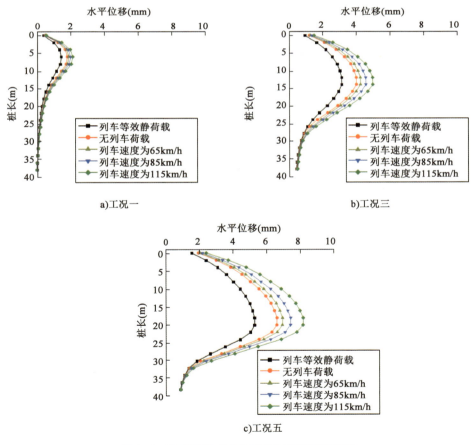

图 5-35 不同荷载边界条件下高架桥基桩变形曲线

(2)通过对比分析不同列车荷载条件下基桩的变形规律,可以发现列车静荷载和列车动荷载都对基桩水平位移有增大作用,随着列车速度的增加,基桩的最大水平位移均有不同程度的增大。115km/h 列车动荷载与列车静荷载作用相比,基桩最大水平位移增加了 23.5%,115km/h 列车动荷载与不考虑列车荷载作用相比,最大水平位移由 5.24mm 增加到 8.09mm,增加了 54.4%。在列车荷载作用中,列车静荷载起主导作用。在分析列车荷载对高架桥基桩变形的影响时,列车荷载作用不能忽视。

(3)对比不同列车速度下基桩的最大水平位移的变化规律,可以发现,当速度为 115km/h 时,列车动荷载将引起基桩产生较大的水平位移。在不考虑列车动荷载作用下(工况五),基桩的最大水平位移为 5.24mm,而速度为 115km/h 时,基桩最大水平位移增至 8.09mm,增加 54.4%。从动荷载对基桩的变形影响角度分析,采取限制列车速度的安全防护措施是必要的,当列车速度控制在 65km/h 时,列车动荷载与等效静荷载作用下,对应的基桩最大水平位移基本相等,不同开挖工况对应的水平位移仅相差 5%~6%。

### 5.4.3 高架桥基桩弯矩

1)列车静荷载作用下高架桥基桩弯矩

列车静荷载作用下 2 号基桩的弯矩变形曲线如图 5-36 所示。由图 5-36 可知,各工况变形曲线基本走势一致,桩身弯矩随着基坑开挖不断增大且最大弯矩值对应位置不断下移。由于基桩上部与桥墩承台相连,下部嵌入坚固岩层,高架承台基础和下方坚固土层都具有较大的刚度,因此基桩顶部和底部的变形均被约束导致弯矩较小,并且以负弯矩呈现,说明桩身上部与下部外侧受拉内侧受压。正弯矩表现在桩身中部位置,说明桩体下部外侧受压内侧受拉,其中最大弯矩为 1580kN·m,出现在桩身 22m 左右处。

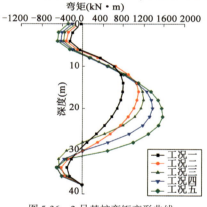

图 5-36 2 号基桩弯矩变形曲线

2)列车动荷载作用下高架桥基桩弯矩

本小节着重探究施加不同列车动荷载对基坑开挖初期(工况一)、开挖中期(工况三)以及开挖后期(工况五)三种工况下 2 号基桩的弯矩变化规律。基桩最大弯矩具体数值见表 5-16。

基桩最大弯矩　　　　　　　　　表 5-16

| 工况 | 桩基编号 | 不同荷载边界条件下高架基桩最大正弯矩(kN·m) | | | | |
| --- | --- | --- | --- | --- | --- | --- |
| | | 无列车荷载 | 列车等效静荷载 | 列车速度为 65km/h | 列车速度为 85km/h | 列车速度为 115km/h |
| 一 | 2号 | 688 | 800 | 817.6 | 838 | 861.5 |
| 三 | | 1008 | 1200 | 1255.2 | 1253.4 | 1284.7 |
| 五 | | 1343 | 1580 | 1619.5 | 1711.8 | 1761.5 |

不同列车荷载作用下 2 号基桩的弯矩变化曲线如图 5-37 所示。经对比分析得出以下结论：

(1) 由图 5-37 可知，不同列车速度作用下的基桩弯矩变化趋势基本与列车静荷载作用下的基桩弯矩变化保持一致；基桩顶部与承台基础相连，底部嵌入坚固岩层，由于承台基础和下方坚固土层整体刚度较大，因此，基桩顶部和底部的变形均被约束导致弯矩较小，并且呈现负弯矩。

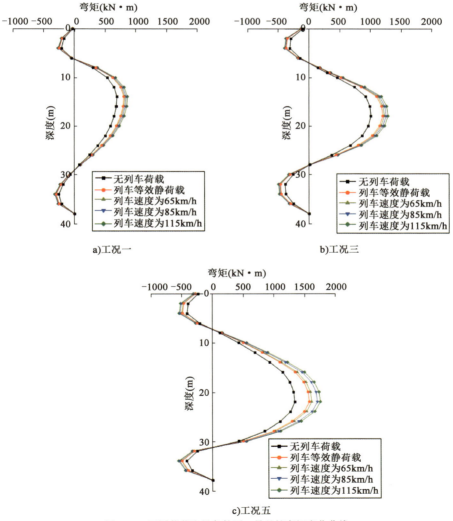

图 5-37　不同荷载边界条件下 2 号基桩弯矩变化曲线

(2) 对比不同列车速度下基桩弯矩变形曲线可以发现,随着列车速度的增加,桩身弯矩均有不同程度的增加,尤其是工况五,115km/h 列车动荷载与列车静荷载作用相比,基桩最大弯矩增加了 11.5%;115km/h 列车动荷载与不考虑列车荷载作用相比,最大弯矩由 1343kN·m 增加到 1761.5kN·m,增加了 31.2%。而在列车荷载作用中,列车静荷载起主导作用。在分析列车荷载对高架桥基桩内力影响时,列车荷载作用不能忽视。

## 5.5 现场监测数据分析

以上已经分别从静态和动态两个方面进行了数值计算,并得出了相应的规律和结论。由于数值分析是在一定假定条件下以理想化状态进行的一种研究,现实中部分影响因素难以考虑,因此计算得到的结果及规律是否准确、可信,尚需与实际监测数据进行对比验证。大运枢纽主体基坑工程的监测取得了大量的数据,并且在实际施工过程中做到了很好的指导作用。

本节主要通过对比分析数值计算(标准列车速度 85km/h)与现场监测的围护结构水平位移、基坑周边地表沉降、内支撑轴力以及高架桥承台最大沉降的变化规律,得出相应结论验证模型的可靠性,为后续研究类似工程提供可靠参考依据。

### 5.5.1 围护结构水平位移

将围护结构水平位移的数值计算结果与监测结果进行对比,得出两者之间的差异。判断基坑围护结构的设计是否合理,为类似后续工程中的基坑围护结构的优化设计提供依据。

围护结构水平位移测点布置如图 5-38 所示。选取与数值计算中靠近高架车站 A 点和远离高架车站 B 点与之对应的测点 ZQT-10 和 ZQT-23 的实测数据进行对比分析。选取以下三种工况进行对比分析:开挖至基坑地表以下 2m(初期开挖:工况一)位置;开挖至基坑地表以下 15.3m(中期开挖:工况三)位置;开挖至基坑地表以下 26.42m(后期开挖:工况五)位置。

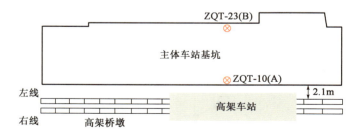

图 5-38 围护结构水平位移测点布置

图 5-39 为围护结构水平位移计算值与实测值的对比曲线。经分析后可以得出以下结论：

（1）围护结构水平位移计算值与实测值的变形规律基本分布一致，沿围护结构深度方向形成"两端小，中间大"的"弓"形态，其中最大变形位置位于基坑深度的 2/3 处。对比基坑两侧围护结构的水平位移数值计算与监测结果，可知靠近高架一侧的水平位移大于远离高架一侧，两侧围护结构的水平位移表现出明显的不对称性，也进一步验证了数值计算的可靠性。

（2）ZQT-10 和 ZQT-23 测点围护结构最大水平位移计算值与实测值分别相差 2.64mm 和 3.7mm，产生差异的主要原因为：模拟基坑开挖过程中简化较多，并且实际施工中基坑变形受许多综合因素的影响，比如天气、温差、人员、施工机械以及周边环境影响等，这些因素在数值模拟过程中是难以实现的。

（3）根据监测控制标准，基坑开挖围护结构的水平位移都在施工变形容许的 30mm 范围之内。无论是数值计算结果还是现场实际监测结果均表明该工程围护结构的水平位移控制良好，因此，有限元模拟能够反映基坑变形的一般规律，为基坑前期的施工变形预测提供可靠的数据参考，并可指导后期一系列的工程施工。

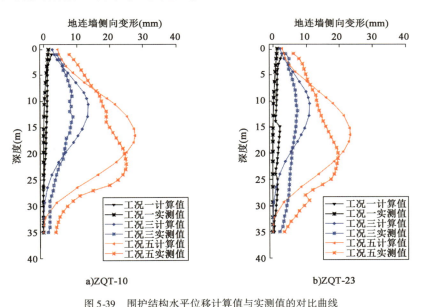

图 5-39 围护结构水平位移计算值与实测值的对比曲线

## 5.5.2 地表沉降

图 5-40 为地表沉降测点断面图。选取靠近地铁 3 号线大运高架线路 DBC-06 和 DBC-10 断面的地表沉降测点，沿基坑短边方向共选取 6 个测点，两列测点分别位于靠近高架桥和靠近高架车站，测点与主体基坑围护边缘距离分别为 2m、4m、6m、8m、8m、10m。

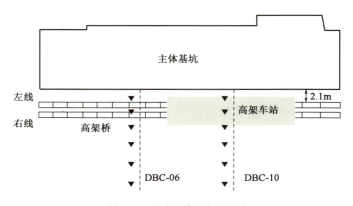

图 5-40　地表沉降测点断面图

由图 5-41 ~ 图 5-43 可以看出,邻近地表沉降数值计算结果与监测结果较为吻合,沉降变形趋势基本一致,数值计算沉降数据略小于监测数据。其中,DBC-06 断面的监测数据最大沉降为 26.6mm,数值计算结果最大沉降为 24.6mm,跟实际监测数据相差 8.1%;DBC-10 断面的监测数据最大沉降为 34.3mm,数值计算结果最大沉降为 30.2mm,跟实际监测数据相差 13.6%。DBC-06 和 DBC-10 断面地表沉降数值计算与监测结果差异的原因为:实际开挖工况下,天气、基坑周边堆载、人员、机械施工以及车辆运输等一系列环境因素在数值计算中难以考虑,现场实际土层分布与数值计算假定的均质土层之间也有差异。

如图 5-41 ~ 图 5-43 所示,对比分析不同工况下地表沉降的数值计算与监测结果,可以得出以下结论:

(1)地表沉降计算值与实测值虽然存在一定差异,但沉降发展趋势大致相同,且以"凹槽形"呈现。随着基坑开挖,地表沉降逐渐增大,最大沉降值出现在距基坑边缘 12m 左右位置,并且随着基坑开挖,地表沉降的影响范围也逐渐增大。

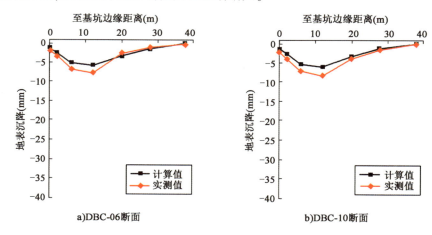

图 5-41　工况一下地表沉降变形曲线对比

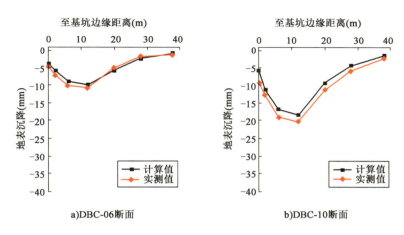

图 5-42　工况三下地表沉降变形曲线对比

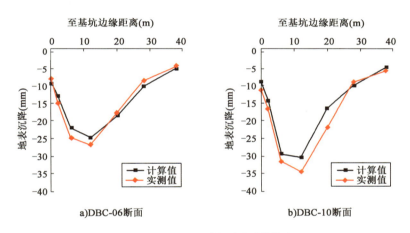

图 5-43　工况五下地表沉降变形曲线对比

（2）由图 5-41～图 5-43 可以看出，DBC-10 断面数值计算与实际监测最大沉降值分别为 30.2mm 和 34.3mm，均处于允许的 40mm 安全范围内，说明大运枢纽主体基坑采取的支护体系有效控制了邻近高架线路周边土体的变形。总的来说，数值计算与实测结果变化趋势一致，能够反映基坑周边地表沉降的一般规律，可为基坑施工前期提供可靠的预测分析数据，并可指导后期一系列的工程方案。

## 5.5.3　内支撑轴力

内支撑轴力测点选取如图 5-44 所示。选取第一道第六列支撑靠近高架车站一侧的测点 ZCL-06 进行数值计算与实际监测轴力结果进行对比分析，因为第一道支撑的轴力数据完整，具有一定的代表性。

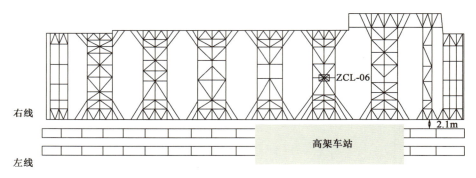

图 5-44 轴力测点选取

轴力变化曲线如图 5-45 所示。由图 5-45 可知,支撑轴力计算值与实测值较为吻合,随着基坑开挖轴力不断增大,待开挖完成后轴力变化趋于平稳。

计算结果中各阶段轴力增长分别为 13%、38%、22%、16%;实测结果中各阶段轴力增长分别为 15%、42%、24%、20%,对比分析后可以发现,工况二到工况三阶段,轴力的计算结果与实测结果增长明显且增长速率较快,而工况三到工况四以及工况四到工况五阶段,轴力增长相比工况二到工况三阶段较小,说明在基坑开挖过程中中

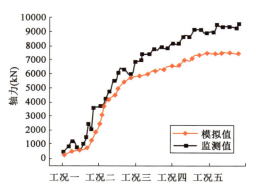

图 5-45 不同工况下轴力计算值与实测值对比曲线

期支撑的作用效果十分明显,应加强基坑开挖过程中的中期轴力监测频率,防止支撑轴力过大对基坑开挖稳定性造成影响。

从图 5-45 可知,轴力的计算值明显小于实测值,产生差异的原因为:实际基坑开挖过程中未能及时架设混凝土支撑,导致开挖面长期暴露,呈现无支撑的状态。进一步的开挖导致监测支撑轴力偏大,而数值计算则能更好地遵循"边撑边挖"原则。除此之外,支撑轴力的大小也受许多综合因素的影响,比如天气、温差、人员、施工机械以及周边环境的影响等,这些因素在数值模拟过程中难以实现。

根据监测控制标准,支撑最大轴力计算结果与实测结果分别为 7479.05kN 和 9435.8kN,均都在标准控制范围内,没有达到预警值。无论是从数值计算结果还是现场实际监测结果均表明该工程支撑轴力控制良好。

## 5.5.4 高架桥承台沉降

基坑开挖往往会引起周边地表沉降等一系列土体深层位移问题,而深层土体的变形会导致基坑周边构筑物(承台基础)产生沉降,进一步影响基桩的稳定性。

高架桥桥墩测点布置如图 5-46 所示。由于本工程的承台基础没有布置监测点,只有桥墩部位布置有测点,所以地铁 3 号线大运车站由南向北桥墩测点依次为 JGC-AT01、JGC-AT02、JGC-AT03、JGC-AT04、JGC-AT05、JGC-AT06、JGC-AT07、JGC-AT08、JGC-AT09、JGC-AT10、JGC-AT11、JGC-AT12。如表 5-17 所示,提取各承台上沉降计算值与对应位置桥墩上监测数据进行对比。

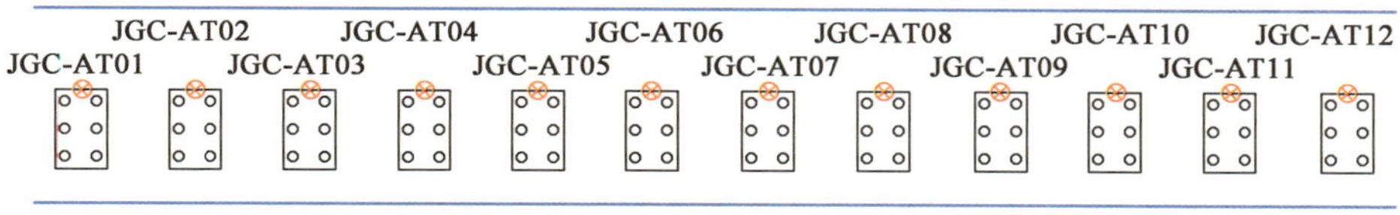

图 5-46 高架桥桥墩测点布置

**承台沉降计算值与监测值对比**　　　　表 5-17

| 测点 | 承台沉降(mm) | |
|---|---|---|
|  | 监测值 | 计算值 |
| JGC-AT01 | -2.62 | -2.81 |
| JGC-AT02 | -2.7 | -2.32 |
| JGC-AT03 | -2.41 | -2.9 |
| JGC-AT04 | -2.81 | -2.2 |
| JGC-AT05 | -2.96 | -2.94 |
| JGC-AT06 | -2.11 | -2.62 |
| JGC-AT07 | -2.94 | -2.53 |
| JGC-AT08 | -2.47 | -3.1 |
| JGC-AT09 | -2.69 | -2.8 |
| JGC-AT10 | -2.99 | -2.5 |
| JGC-AT11 | -2.52 | -3 |
| JGC-AT12 | -2.42 | -2.82 |

承台沉降数值计算结果与桥墩沉降实际监测结果对比曲线如图 5-47 所示。经对比分析得出以下结论:

(1)在所选取的 12 个测点中,整体来看可以发现,高架桥承台最大沉降离散性较大。其中数值计算的 JGC-AT08 号承台沉降最大,最大计算沉降值为 3.1mm,对应的现场监测值为 2.47mm;实际监测值中的 JGC-AT10 号桥墩沉降最大,最大沉降值为 2.99mm,对应的模拟计算值为 2.5mm;两测点的数值计算结果与监测结果最大值分别相差 0.63mm 和 0.49mm。导致两者数值差异的主要原因为:数值计算测点与监测点选取位置不同。

（2）根据监测控制标准，数值计算与实测结果的最大沉降以及相邻两承台之间的不均匀沉降均小于控制标准(4mm)，表明承台和桥墩的沉降控制良好，在基坑施工过程中对承台下方基桩的沉降影响不大。

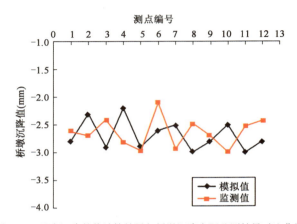

图 5-47 承台沉降数值计算结果与桥墩沉降实际监测结果对比曲线

# 第6章

# 基坑主动区注浆加固与结构体系转换

## 6.1 邻近既有高架车站基坑开挖风险分析

第5章通过探究分析主体基坑开挖与邻近既有运营地铁3号线高架线路的相互影响,发现当列车速度过快时,基坑围护最大水平位移、邻近周边地表沉降等会较大。为控制变形较大所带来的安全问题,本节选取主体基坑与高架线路之间主动区域采取注浆加固措施控制基坑支护体系与高架线路的变形。

目前针对邻近高架线路的深大基坑工程,多采用分块、分层、放坡开挖、主被动区加固、地下连续墙或者咬合桩施工等作用于基坑的形式保护邻近高架桥结构。对于基坑与高架桥之间区域,可采用隔离桩隔断应力传播路径,或采用注浆加固土体,用限制土体侧移的方式对高架桥基桩进行保护。以上措施均能对邻近高架桥桩起到保护作用,但目前针对深大基坑邻近既有运营高架线路的主动区注浆加固保护作用研究分析较少。因此,为了适应城市不同复杂工程建设的现状,研究深大基坑开挖不同注浆加固方式对邻近既有运营高架线路变形的影响,分析基坑主动区加固对邻近既有运营高架线路的保护效果,研究基坑支护结构变形与内力、邻近地表沉降以及高架基桩的内力与变形规律、基坑主动区加固等,对基坑开挖和邻近既有运营高架线路的保护具有深远的意义。

由于大运枢纽的基坑具有超长、跨度大以及超深的特点,并且紧邻地铁高架车站与高架区间段进行一期车站明挖施工,明挖施工对既有地铁3号线车站结构与桩基产生影响;在进行二期交通核盖挖逆作施工时,结构体系转换过程中也会对地铁3号线车站及桩基产生影响。为此,需要对邻近桩基采取相应的加固措施,确保施工期间桩基础的稳定与安全,避免施工对既有车站结构与桩基础产生影响。

图 6-1 为主体基坑与地铁 3 号线高架平面位置关系图。主体基坑呈南北布置,平行于既有运营的地铁 3 号线大运车站及高架区间,与地铁 3 号线大运站基桩最小净距为 2.1m。既有地铁 3 号线基桩为端承摩擦桩,桩底均位于大运车站基底之下。

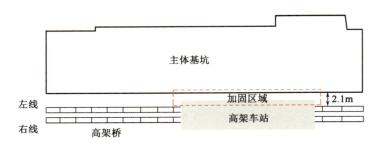

图 6-1　主体基坑与地铁 3 号线高架平面位置关系图

前文我们已经分析出主体基坑在不同列车荷载条件下开挖,靠近高架车站附近区域的围护结构、支撑轴力、地表沉降、高架桥桥墩以及基桩无论是受力还是变形都比其他部位明显。因此,选取高架车站与主体基坑之间区域作为注浆加固区域。高架桥承台基桩布置由南向北依次为 AT-01、AT-02、AT-03、AT-04、AT-05、AT-06、AT-07、AT-08、AT-09、AT-10、AT-11 和 AT-12,如图 6-2 所示。

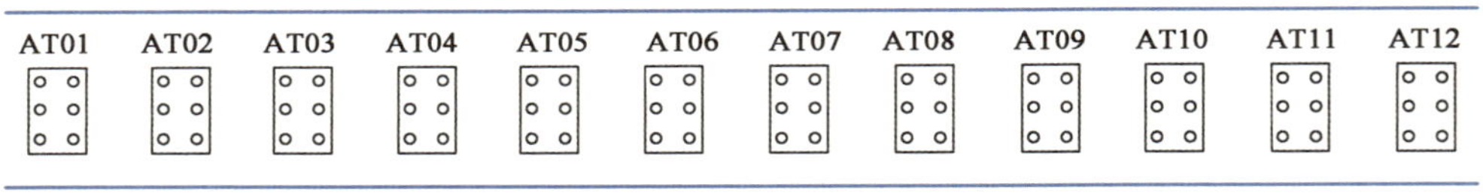

图 6-2　高架车站承台基桩布置图

## 6.2　桩基保护加固方案

选取高架车站与主体基坑之间区域作为注浆加固区域,主体基坑与地铁 3 号线高架剖面位置关系图如图 6-3 所示。本章注浆加固方式采用单排注浆与双排注浆两种注浆加固方式。截取高架车站下方 AT01 桥墩和 AT02 桥墩与围护结构的相对位置。注浆加固方式示意,如图 6-4 所示。

(1) 无注浆加固。

(2) 单排注浆加固,第一排注浆区域距离围护 0.8m 位置采用 120mm 的注浆孔,范围为承台顶部至高架桥基桩底部以下 3m 位置。

(3) 双排注浆加固,第二排注浆区域距离第一排注浆区域 0.8m 位置采用 120mm 的注浆孔,范围为承台顶部至高架桥基桩底部位置。相邻两注浆孔之间距离为 1.5m。

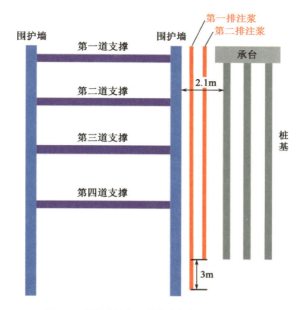

图 6-3　主体基坑与 3 号线高架剖面位置关系图

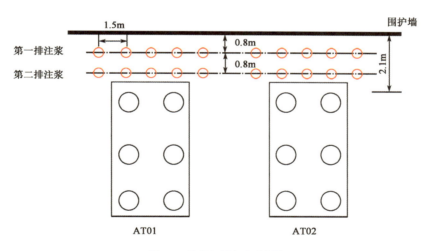

图 6-4　注浆加固方式示意图

## 6.2.1　地铁 3 号线大运高架站承台桩基注浆加固

在承台至围护边的范围内施作三排注浆管。其中,第一排注浆管采用 $\phi108\mathrm{mm}$ 钢花管预注浆,注浆范围为承台底至桩基底 3m;第二、三排采用袖阀管跟踪注浆,第二排的注浆范围为承台底至桩底,第三排的注浆范围为承台底至强风化岩面下 1m。三排注浆管相互之间间隔 500mm,第三排注浆管距离原承台边缘 200mm,在承台范围内采用梅花形布置(图 6-5)。

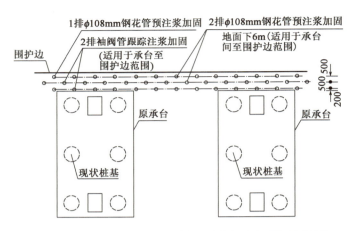

图 6-5　既有地铁 3 号线大运高架站承台桩基注浆加固平面图(尺寸单位:mm)

在两个承台之间的范围内施作两排 $\phi$108mm 钢花管预注浆,注浆范围为加固深度地面下 6m,与承台范围内施作的第一、二排注浆管处于同一直线上。在施作注浆管的位置处施作 0.5m 厚的 C20 混凝土止浆板,防止浆液外漏(图 6-6)。

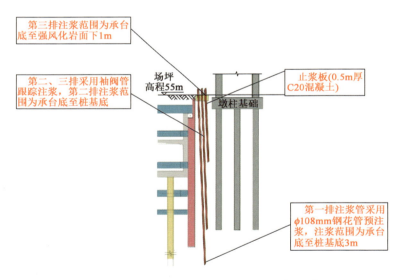

图 6-6　既有地铁 3 号线大运高架站承台桩基注浆加固断面图

### 6.2.2　荷坳—大运高架区间承台桩基注浆加固

在原承台至主体围护边坡的范围内施作三排注浆管,其中第一排注浆管采用 $\phi$108mm 钢花管预注浆,注浆范围为承台底至桩底;第二、三排采用袖阀管跟踪注浆,第二排的注浆范围为承台底至桩底以上 3/4 桩长处,第三排的注浆范围为承台底至桩底以上 1/2 桩长处。三排注浆管相互之间间距 750mm,第三排注浆管距离原承台边缘 500mm,采用梅花形布置,注浆管之间的间距为1500mm。在施作注浆管的位置处施作0.5m厚的C20混凝土止浆板,防止浆液外漏(图6-7、图6-8)。

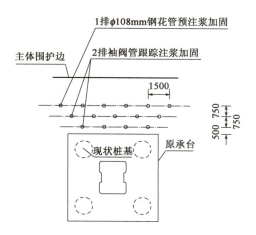

图6-7 荷坳—大运高架区间承台桩基注浆加固平面图(尺寸单位:mm)

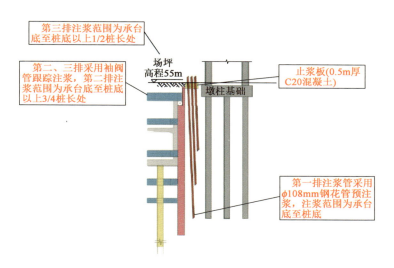

图6-8 荷坳—大运高架区间承台桩基注浆加固断面图

## 6.2.3 大运—爱联高架区间承台桩基注浆加固

在原承台四周施作双排袖阀管进行跟踪注浆,注浆范围均为承台底至桩底以下3m,并根据注浆孔与桩基的距离,适当调整钻入角度。双排袖阀管相互之间间距750mm,第二排注浆管距离原承台边缘500mm,采用梅花形布置,注浆管之间的间距为1500mm。在施作注浆管的位置处施作0.5m厚的C20混凝土止浆板,防止浆液外漏(图6-9、图6-10)。

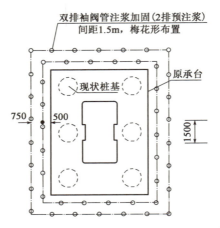

图 6-9 大运—爱联高架区间承台桩基注浆加固平面图(尺寸单位:mm)

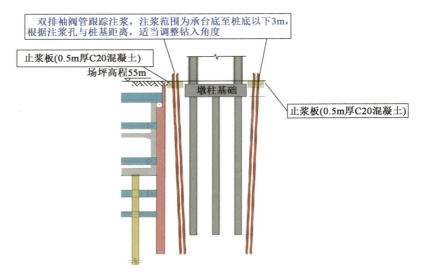

图 6-10 大运—爱联高架区间承台桩基注浆加固断面图

## 6.3 基坑注浆加固的数值模拟分析

### 6.3.1 数值模型

1) 计算模型及参数选取

图 6-11 为基坑的三维数值模型。该模型总长度 564m($x$ 方向)、宽度 397m($y$ 方向)、高度 80m($z$ 方向)。其中主体基坑最大长度 304m($x$ 方向),最大宽度 77m($y$ 方向)、基坑开挖深度 26.42m($z$ 方向)。主体基坑尺寸与实际设计比例为 1∶1。

# 第6章 基坑主动区注浆加固与结构体系转换

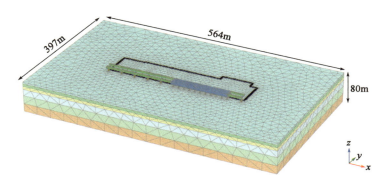

图 6-11　三维数值模型

土体本构模型选用修正剑桥(MCC)模型,具体土层参数、主体基坑围护、内支撑、格构柱以及抗拔桩参数详见第 5 章表 5-6～表 5-9。地铁 3 号线高架线路基桩以及上部结构具体参数详见第 5 章表 5-1～表 5-3。在计算模型中,注浆范围内土体在注浆后设置为线弹性体,弹性模量为 150MPa,泊松比取值 0.32。注浆土体模型与地铁 3 号线高架模型相对位置如图 6-12 所示,其中红色部位为注浆体。

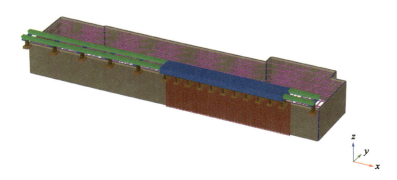

图 6-12　注浆土体模型与地铁 3 号线高架模型相对位置

### 2) 研究方案设计

为探究主体基坑与既有运营高架线路之间区域不同注浆加固方式对基坑开挖稳定性以及高架线路基桩的影响,选取列车速度为 85km/h 时的动力荷载计算。具体施工步骤如下:

(1) 生成初始地应力场,计算至平衡状态。

(2) 施作地铁 3 号线大运高架车站,在列车轨道上施加列车速度为 85km/h 时的动荷载,使计算达到平衡状态。

(3) 施作主体基坑围护结构和界面单元,将注浆区域岩土体材料参数改为注浆体材料参数。

(4) 主体基坑开挖至地表以下 −2m 处位置,施作第一道支撑(工况一)。

(5)主体基坑开挖至地表以下-8.3m处位置,施作第二道支撑(工况二)。

(6)主体基坑开挖至地表以下-15.3m处位置,施作第三道支撑(工况三)。

(7)主体基坑开挖至地表以下-21.6m处位置,施作第四道支撑(工况四)。

(8)主体基坑开挖至基坑底部(-26.42m处位置)(工况五)。

### 6.3.2 结果分析

1)围护结构水平位移及弯矩对比分析

图6-13为基坑围护结构测点布置图。选取A测点数据分析围护结构水平位移和弯矩。为探究基坑开挖在列车速度为85km/h时不同注浆加固方案下围护结构水平位移及弯矩的变化规律,本节选取开挖至坑底(工况五)时无加固、单排注浆加固以及双排注浆加固三个方案进行对比分析。

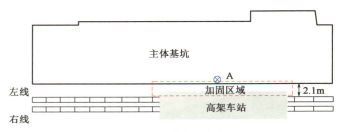

图6-13 围护结构测点布置

基坑围护结构在不同加固方案下最大水平位移和弯矩变形曲线如图6-14所示。对比分析后得出以下结论:

(1)采用注浆加固方式后,围护结构的变形和内力明显减小,由于是对基坑主动区加固,围护结构最大水平位移和内力对应的位置基本没有移动,与无注浆加固方案位置一致;围护结构最大弯矩位于墙身约16.6m位置处,与围护结构最大水平位移位置一致。

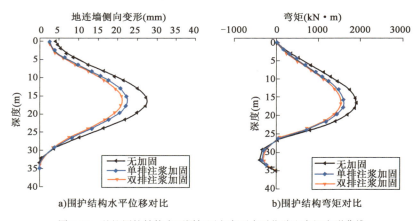

图6-14 基坑围护结构在不同加固方案下水平位移和弯矩变形曲线

# 第6章 基坑主动区注浆加固与结构体系转换

(2)三种加固方案对比:无加固方案下围护结构最大水平位移与弯矩分别为27.6mm和1884.8kN·m,第一排注浆加固方案下最大水平位移与弯矩分别为22.7mm和1604.8kN·m,对比无注浆加固,分别减小了17.8%和14.9%;第二排注浆加固后围护结构的最大水平位移与弯矩分别为21.2mm和1527.6kN·m,对比单排注浆加固,分别减小了6.6%和4.8%。由此可知,注浆加固对围护结构的变形控制要大于对内力的控制,而且单排注浆方案的加固效率远大于双排注浆方案,在满足基坑施工变形控制标准的前提下采用单排注浆加固方案经济效益更高。

2)周边地表沉降对比分析

周边地表沉降测点布置如图6-15所示。沿基坑宽度方向在靠近高架车站附近选取M1断面,断面每间隔4m选定一个地面测点,共选取12个测点。

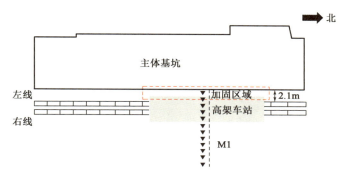

图6-15 地表沉降测点布置

不同加固方案下地表沉降曲线如图6-16所示。对比分析后可以得出以下结论:

(1)在基坑开挖完成后,无注浆方案下M1断面地表最大沉降值为30.3mm,最大沉降位置为围护结构墙后12m处;采用注浆加固方式后,地表沉降变形明显减小,沉降速率随着注浆加固排数的增加逐渐放缓。由于是对基坑主动区加固,最大沉降位移对应的位置基本没有移动,与无注浆加固位置一致。可知基坑周边土体地表沉降最大值对应位置不随注浆加固而改变。

(2)对比三种加固方案分析可知:无加固方案下地表最大沉降值为30.3mm,采取第一排注浆方案加固后地表最大沉降值为20.8mm,对比无注浆加固方案,最大沉降减小了9.5mm,减小了31.4%;采取第二排注浆加固方案后地表最大沉降值为18mm,相比于单排注浆加固方案,最大沉降减小了2.8mm,减小了13.5%。由此可知,双排注浆对于地表沉降的控制

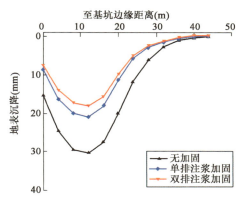

图6-16 地表沉降曲线对比

最为明显，但是单排注浆方案的加固效率远大于双排注浆，在满足基坑施工变形控制标准的前提下采用单排注浆加固方案经济效益更高。

3) 高架桥桥墩沉降对比分析

地铁 3 号线高架桥承台测点布置如图 6-17 所示。由南向北承台依次为 AT-01、AT-02、AT-03、AT-04、AT-05、AT-06、AT-07、AT-08、AT-09、AT-10、AT-11、AT-12。表 6-1 所示为不同注浆加固条件下各承台最大沉降值。

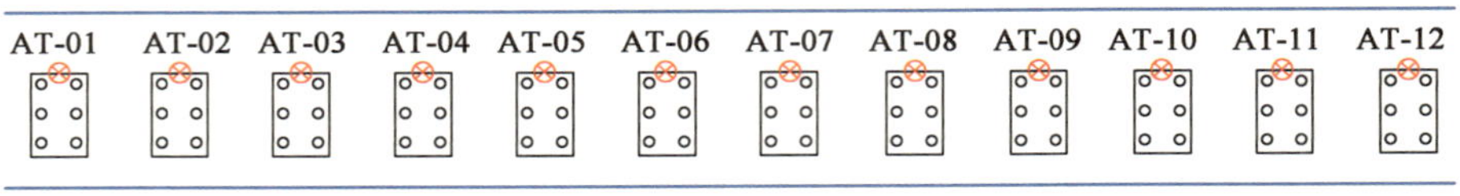

图 6-17 高架桥承台测点布置

承台最大沉降值　　　　　　　　　　　　　　表 6-1

| 承台编号 | 承台最大沉降(mm) | | |
|---|---|---|---|
| | 无注浆加固 | 单排注浆加固 | 双排注浆加固 |
| AT-01 | -2.8 | -2.2 | -1.95 |
| AT-02 | -2.3 | -2.1 | -1.86 |
| AT-03 | -2.9 | -2.2 | -1.93 |
| AT-04 | -2.2 | -2.1 | -1.85 |
| AT-05 | -2.9 | -2.1 | -1.9 |
| AT-06 | -2.6 | -2.3 | -2 |
| AT-07 | -2.5 | -2.1 | -1.94 |
| AT-08 | -3 | -2.2 | -2.04 |
| AT-09 | -2.8 | -2.4 | -2 |
| AT-10 | -2.5 | -2.2 | -1.95 |
| AT-11 | -3.1 | -2.4 | -2.08 |
| AT-12 | -2.8 | -2.2 | -1.95 |

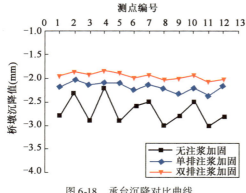

图 6-18 承台沉降对比曲线

不同注浆方案下各承台测点的沉降对比曲线如图 6-18 所示。对比分析后可知：

(1) 整体来看，高架车站承台的最大沉降数值较为离散。各个承台沉降并不是呈现单调递增或者递减，而是呈现增减反复的形式。采用注浆加固方式后，承台沉降变形明显减小，并且相邻两承台之间的不均匀沉降也随着注浆排数的增加逐渐减小。

（2）三种加固方案对比分析可知：无加固时 AT-11 号承台沉降值最大，最大沉降为 3.1mm，采取第一排注浆方案加固后沉降减少至 2.4mm，对比无注浆加固方案，最大沉降值减小了 0.7mm，减小了 22.6%；采取第二排注浆方案加固后沉降减少至 2.08mm，对比单排注浆加固方案，最大沉降值减小了 0.32mm，减小了 13%。因此可知，单排注浆方案的加固效率大于双排注浆，在满足基坑施工变形控制标准的前提下采用单排注浆加固方案经济效益更高。

4）高架桥桩基位移及弯矩对比分析

邻近基桩产生位移和附加弯矩的主要原因是基坑开挖对周边土体产生扰动，当基桩的位移以及附加弯矩过大时，会影响上部高架结构以及列车的安全行驶。在基坑主动区进行注浆加固措施可以有效抑制邻近基桩产生过大的侧向位移及附加弯矩。2 号基桩与基坑位置关系如图 6-19 所示，选取地铁 3 号线大运高架车站 AT-08 承台下方 2 号基桩研究不同注浆方案下的变形。

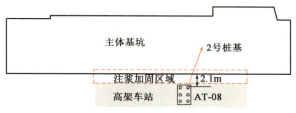

图 6-19　高架桥基桩测点

高架桥基桩在不同注浆加固方案下的水平位移和弯矩变形对比曲线如图 6-20 所示。对比分析后得出以下结论：

（1）高架桥基桩水平位移沿桩身长度方向呈现先增大再减小的趋势，采用注浆加固后，基桩的变形和内力明显减小，但是变形方式与受力形式没有改变，依旧是朝向坑内弯曲；桩身的上部和下部位置表现为负弯矩，外侧受拉内侧受压；正弯矩均表现在桩身中部位置，外侧受压内侧受拉。基桩最大水平位移对应的位置在注浆后有所上移，最大弯矩对应的位置没有改变。

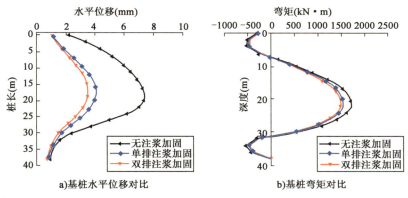

图 6-20　不同注浆加固方案下高架桥基桩的水平位移和弯矩变形对比曲线

（2）三种加固方案对比下：无加固方案下基桩的最大水平位移与弯矩分别为 7.4mm 和 1711.8kN·m，单排注浆加固后最大水平位移与弯矩分别为 4.1mm 和 1540.6kN·m，对比无注浆加固，分别减小了 45% 和 10%；双排注浆加固后基桩的最大水平位移与弯矩分别为 3.8mm 和 1494.4kN·m，对比单排注浆加固，分别减小了 7.3% 和 3%。由此可知，注浆加固对基桩的变形控制要大于对内力的控制，而且单排注浆方案的加固效率远大于双排注浆方案，在满足基坑施工变形控制标准的前提下采用单排注浆加固方案经济效益更高。

5）高架桥基桩承载力对比分析

图 6-21 和图 6-22 分别为不同注浆加固方案下 2 号基桩的桩身轴力、桩侧摩阻力以及 $Q$-$s$ 曲线。图 6-21 和图 6-22 反映了不同加固方案下基桩的桩身轴力传递特性、土层对基桩竖向抵抗的作用效果以及基桩承载能力。在探究不同注浆加固方案下基桩的承载性能时，考虑既有上部结构荷载作用，取 2 号基桩的桩顶荷载作为桩基承载力特征值，基坑开挖完成后在基桩顶部逐级施加竖向荷载。

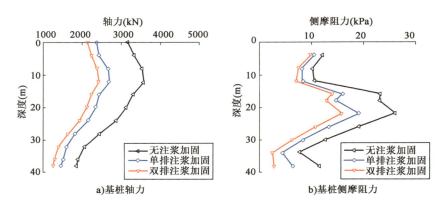

图 6-21　不同注浆加固方案下 2 号基桩的轴力及侧摩阻力

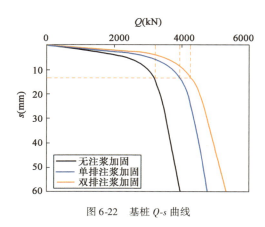

图 6-22　基桩 $Q$-$s$ 曲线

对比不同注浆方案下 2 号基桩的桩身轴力、桩侧摩阻力以及 $Q$-$s$ 曲线可以发现：

（1）基坑开挖完成后，基桩轴力沿桩身深度方向呈现"先增大后减小"的趋势，且在 12m 位置处开始逐渐衰减。由于桩身下部轴力较小，导致基桩和桩周土体的相对位移很小，因此桩身下部侧摩阻力难以发挥。而基桩端部侧摩阻力突然增大，是因为端部土体刚度较大。在桩顶施加竖向荷载后，桩顶 $Q$-$s$ 曲线以"陡降形"呈现。

（2）对比不同注浆加固方案，注浆加固对桩身轴力、桩侧摩阻力以及 $Q$-$s$ 曲线的变形方式影响不大,对基桩承载力有所提高,桩身轴力和桩侧摩阻力明显减小。在相同大小的桩顶荷载作用下,无加固方案的桩顶沉降最大,单排注浆加固方案次之,双排注浆加固方案最小。无注浆加固下基桩的轴向承载力为3154kN,单排注浆和双排注浆加固后基桩承载力分别为3900kN和4160kN,提高了23.7%和31.9%;双排注浆加固方案对比单排注浆加固方案,承载力提高了6.7%,与单排注浆加固方案对比无加固方案提高的23.7%相比较小。总体来看,双排注浆加固方案效果最好,单排注浆加固方案其次,但是从加固效率来看单排注浆加固方案最好,在满足基坑施工变形控制标准的前提下采用单排注浆加固方案经济效益更高。

## 6.4 紧邻双基坑结构体系转换的工程重难点及施工方案

主体基坑东侧紧邻既有运营地铁3号线高架线路,西侧与交通核基坑共墙。交通核基坑在盖、明挖不同阶段施工过程中,结构受力体系会发生转换,影响基坑安全。若基坑支护结构以及周边地表在体系转换过程中产生较大的变形,会对施工安全产生严重影响。考虑到大运枢纽主体基坑与交通核基坑采用连续分段转换的方式进行施工,主体基坑除了有紧邻既有地铁3号线大运站所带来的列车动荷载的影响,还存在西侧交通核基坑结构对于大运主体基坑的安全性影响,其中重要的工程技术难题是结构力系转换过程中基坑的稳定性保障理论与技术。

本节根据工程实际情况,开展大型三维有限元数值计算分析,探究分析结构体系转换施工过程中主体基坑和交通核基坑围护结构的变形、坑底隆起、周边地表沉降、支撑轴力变化以及主体车站顶板和底板的变化规律,找出拆撑过程中结构的薄弱部位,为基坑安全施工提供依据。

### 6.4.1 工程重难点介绍

主体基坑与交通核基坑相对位置以及中隔墙布置如图6-23所示。大运主体基坑采用明挖顺作法施工,西侧交通核基坑采用盖挖逆作法施工。两基坑采用$\phi 1500mm$的围护桩用作临时隔断墙将其分开,待主体基坑结构完成后,再进行交通核基坑开挖。

同侧双基坑结构体系转换所涉及的难点有:

(1)大运枢纽规模大,主体基坑纵向长度长,横向跨度大以及深度深。

(2)采用盖、明挖两种基坑开挖方式,在施工过程不同阶段结构受力体系转换对施工安全质量

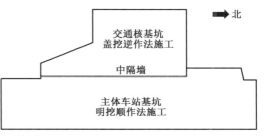

图6-23 主体基坑与交通核基坑相对位置以及中隔墙布置

产生影响。

（3）中隔墙永久性拆除对基坑结构受力体系和整体稳定性产生影响。

### 6.4.2 基坑工程支护及施工方案

相邻基坑支护剖面如图6-24所示。两相邻基坑中的主体基坑采用明挖顺作方案，共设置四道钢筋混凝土桁架支撑，降水采取坑内降水的方式，即主体基坑首先整体开挖至坑底高程位置，然后依次拆除第四、三、二、一道支撑的同时施作结构性钢管柱和主体基坑底板、ZB4板、ZB3板、ZB2板、ZB1板。交通核基坑采用盖挖逆作方案，即主体基坑的地下结构全部施工完成后开始交通核基坑的逆作法施工，即从上往下向基坑内部施作JB1板、JB2板、JB3板、JB4板和交通核底板的同时拆除对应部位的临时中隔墙。

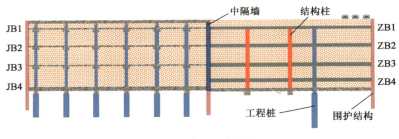

图6-24 相邻基坑支护剖面

主体基坑和交通核基坑的连接处采用两墙合一的 $\phi1500\text{mm}$ 围护桩用作临时隔断墙，混凝土强度等级为C35，依据等效刚度法将围护桩折算为1.2m厚度的地下连续墙，持力段插入地表以下35m。

## 6.5 紧邻双基坑结构体系转换的计算模型

### 6.5.1 模型建立

国内外对于考虑土与结构相互作用的连续介质有限元方法在基坑工程中广泛应用，利用这种方法可以将基坑以及周边构筑物进行整体建模分析。本书运用Plaxis3D有限元计算软件创建考虑土体与结构共同作用的三维有限元模型进行分析，计算模型包括岩土体、主体车站和交通核基坑围护结构、中隔墙、楼板、内支撑、格构柱以及抗拔桩等。基坑的三维计算模型如图6-25所示。该三维模型总长度为564m（$x$方向）、宽度为397m（$y$方向）、高度为80m（$z$方向）。其中，主体基坑最大长度为304m（$x$方向），最大宽度为77m（$y$方向）、基坑开挖深度为26.42m；交通核基坑最大长度为173m（$x$方向），最大宽度为72m（$y$方向）、基坑开挖深度为

26.42m（z方向）。相邻基坑支护体系如图6-26所示。车站基坑和交通核基坑尺寸与实际设计比例为1：1。

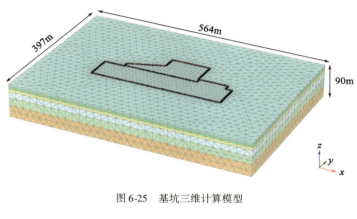

图6-25 基坑三维计算模型

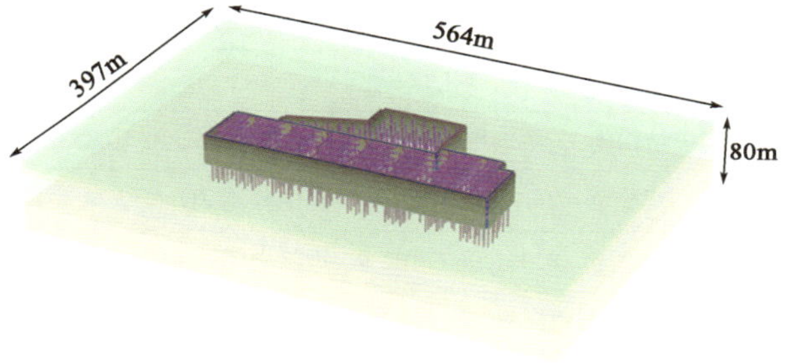

图6-26 相邻基坑支护体系

## 6.5.2 本构模型及参数选取

土体本构模型选取与第5章一致，选用修正剑桥模型，具体土层参数、主体基坑围护、内支撑、格构柱以及抗拔桩参数详见表5-6～表5-9。交通核基坑围护结构弹性模量取35MPa，厚度取1m。主体基坑和交通核基坑内部隔断墙采用的是φ1500mm围护桩用作临时隔断墙，依据等效刚度法原则将咬合桩折算为1.2m厚度的地下连续墙，弹性模量取35MPa。主体基坑顺作区域采用四道混凝土支撑作为水平支撑，待开挖到基坑底部后往上采用五层地下结构楼板，相邻交通核基坑逆作区域采用五层地下结构楼板，弹性模量取35MPa，泊松比取值为0.2。

## 6.5.3 研究方案设计

采用Plaxis3D有限元软件中的"单元生死"功能模拟同侧双基坑结构体系转换的施工过程。具体模拟的施工工况见表6-2。

模拟施工工况 表6-2

| 工况 | 施工内容 |
|---|---|
| Stage0 | 生成初始地应力场,计算至平衡状态 |
| Stage1 | 主体车站围护结构施工;坑内抗拔桩施工;格构柱施工;重置位移为零(明挖顺作法) |
| Stage2 | 主体基坑开挖至-2m,施作第一道支撑 |
| Stage3 | 主体基坑开挖至-8.3m,施作第二道支撑 |
| Stage4 | 主体基坑开挖至-15.3m,施作第三道支撑 |
| Stage5 | 主体基坑开挖至-21.6m,施作第四道支撑 |
| Stage6 | 主体基坑开挖至-26.4m |
| Stage7 | 施工主体车站底板 |
| Stage8 | 拆除主体车站第四道支撑,施工ZB4板 |
| Stage9 | 拆除主体车站第三道支撑,施工ZB3板 |
| Stage10 | 拆除主体车站第二道支撑,施工ZB2板 |
| Stage11 | 拆除主体车站第一道支撑,施工顶板 |
| Stage12 | 交通核围护结构施工;坑内抗拔桩施工;永久性结构柱施工(盖挖逆作法) |
| Stage13 | 交通核基坑开挖至-2m,施工JB1板,拆除中隔墙ZG1 |
| Stage14 | 交通核基坑开挖至-8.3m,施工JB2板,拆除中隔墙ZG2 |
| Stage15 | 交通核基坑开挖至-15.3m,施工JB3板,拆除中隔墙ZG3 |
| Stage16 | 交通核基坑开挖至-21.6m,施工JB4板,拆除中隔墙ZG4 |
| Stage17 | 基坑开挖至-26.4m,施工交通核底板(JB5),拆除中隔墙ZG5 |

## 6.6 紧邻双基坑结构体系转换的计算结果及分析

### 6.6.1 围护结构水平位移

图6-27为主体基坑和交通核基坑整体施工完成后(Stage17)计算得到的围护结构变形云图。可以看出对于"异形"基坑受空间效应的影响,围护结构整体变形主要呈现中间大,角部小的特点。围护结构水平位移则呈现顶端和底部小、中间大的形态,且最大变形发生在坑底高程附近。

围护结构测点布置如图6-28所示。其中,测点P1~P4位于主体基坑顺作区,采用明挖顺作法施工。P1测点位于主体基坑东侧围护结构中间部位,与中隔墙P2测点对应,P3、P4测点分别位于主体基坑西侧部位,分别距离中隔墙20m和40m。P5测点位于交通核围护东侧部位,采用盖挖逆作法施工。

# 第6章 基坑主动区注浆加固与结构体系转换

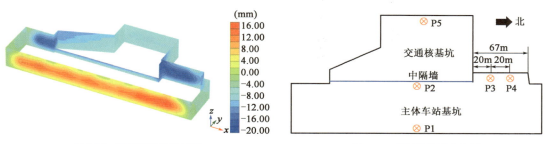

图 6-27 围护结构变形云图　　　　图 6-28 围护结构测点布置

**1）主体基坑围护结构水平位移**

为探究不同阶段体系转换下围护结构的变形规律，本节主要从以下三个工况进行对比分析：①主体基坑施作基坑底板（Stage7）；②拆除主体车站第一道支撑并施工顶板（Stage11）；③交通核基坑开挖至坑底，施工交通核底板并拆除中隔墙（Stage17）。三种不同阶段体系转换下的围护结构最大水平位移具体数值以及对应的位移增幅见表6-3。

围护结构最大水平位移及增幅　　　　表6-3

| 测点 | 不同转换阶段下墙身最大水平位移（mm） | | | 增幅（%） | |
|---|---|---|---|---|---|
| | Stage7 | Stage11 | Stage17 | 1 | 2 |
| P1 | 12.63 | 14.27 | 14.98 | 12.9 | 4.9 |
| P2 | 12.39 | 13.38 | — | 8 | — |
| P3 | 11.34 | 12.47 | 16.37 | 10 | 31.3 |
| P4 | 11.36 | 12.52 | 15.59 | 10.2 | 24.5 |

注：表中1代表围护结构最大水平位移由Stage7工况到Stage11工况的增幅百分比；2代表最大水平位移由Stage11工况到Stage17工况的增幅百分比。

主体基坑围护结构各测点在不同阶段体系转换过程中水平位移变化曲线如图6-29所示。对比分析后可得如下结论：

（1）主体基坑开挖完成后，围护墙体的腹部向基坑内部突出，并以"弓"形呈现，同时最大水平位移处于基坑底部附近；不同阶段体系转换下的围护结构最大水平位移变化趋势一致，主要不同体现在墙顶与墙身水平位移数值的差异。

（2）主体基坑在底板施工完成后（Stage7）围护结构最大水平位移为P1测点的12.63mm；随着主体基坑顶板施工完成后（Stage11），各测点平均最大位移增幅约为10%左右。总体来看，主体基坑内部结构体系转换对围护结构的变形影响较小。

（3）交通核基坑施工完成后（Stage17），P1、P3、P4测点（P2测点由于处于中隔墙上，在Stage17工况下已经被拆除，所以无Stage17工况数据）相较于Stage11工况最大位移增幅为4.9%、31.3%和24.5%。分析可知：交通核基坑开挖施工对主体基坑围护墙体的水平位移具有一定的影响，但影响程度不同，对远离中隔墙一侧围护影响较小，对靠近中隔墙一侧围护影响较大;两侧围护墙体的最大水平位移增幅差值约25%。因此,在主体基坑支护设计时是否应该考虑对两侧围护区别设计以满足经济安全效益。

(4)对比P3和P4测点,分析靠近中隔墙不同距离对于围护结构水平位移的影响规律,可以发现在未开挖交通核基坑时,P3、P4测点在主体基坑顶板施工完成后(Stage11)最大水平位移增幅为10%和10.2%。变形基本一致,不受距离中隔墙不同位置的影响;当交通核基坑施工完成后(Stage17),P3、P4测点相较于Stage11工况最大位移增幅为31.3%和24.5%,可以发现距离中隔墙位置越近,对于围护结构的最大水平位移影响越大。因此,位于中隔墙同侧围护是否可以考虑渐变刚度的围护设计以满足经济安全效益。

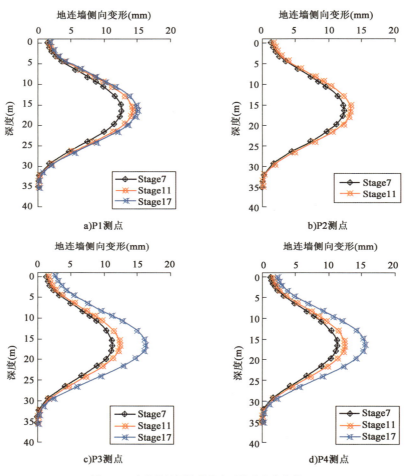

图6-29 主体基坑围护结构水平位移变化曲线

2)交通核基坑围护结构水平位移

图6-30为交通核基坑西侧围护结构在不同开挖工况下的水平位移变化曲线。选取P5测点进行分析,墙体变形曲线呈现"弓"形。围护结构的水平位移随着基坑开挖不断增大且最大

水平位移对应位置不断下移。由于交通核基坑采用盖挖逆作法施工,工后围护结构最大水平位移为8.12mm;主体基坑采用明挖顺作法施工,工后围护结构最大水平位移为16.4mm。因此,交通核基坑围护结构水平位移整体来看小于主体基坑。

### 6.6.2 基坑隆起及周边地表沉降

1) 坑底隆起

图6-31选取沿主体基坑东西方向M1断面和交通核基坑南北方向M2断面进行坑底隆起分析,主要从以下三个工况进行分析:①主体基坑施作基坑底板(Stage7);②拆除主体车站第一道支撑并施作顶板(Stage11);③交通核基坑开挖至坑底,施作交通核底板并拆除中隔墙(Stage17)。图6-32为交通核基坑施工完毕后主体基坑与交通核基坑的坑底竖向位移云图。

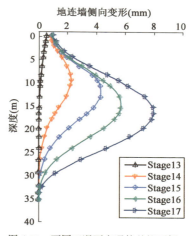

图6-30 不同工况下交通核基坑西侧围护结构水平位移变化曲线

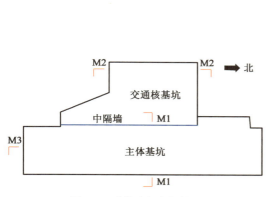

图6-31 基坑底部隆起断面

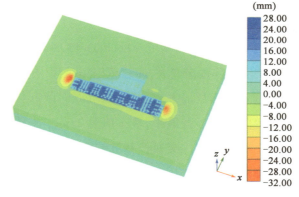

图6-32 基坑竖向位移云图

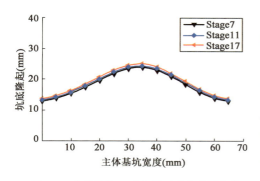

图6-33 主体基坑M1断面坑底隆起变形曲线

主体基坑M1断面在不同阶段体系转换下坑底隆起变形曲线如图6-33所示。对比分析后可知:

(1)待主体基坑开挖完成后(Stage7),基坑沿宽度方向中部位置隆起最大,最大值为24mm,曲线呈现出"中间大,两头小"的形式;在基坑边缘的位置隆起变形量较小,最小值为12.3mm。主要原因可能是基坑开挖过程中围护结构对于邻近土体的强约束作用。

(2)随着主体基坑顶板施工完成后(Stage11),M1 断面坑底隆起最大位移为 24.36mm,相比 Stage7 工况隆起增幅约为 1.5%;交通核基坑施工完成后(Stage17),M1 断面坑底隆起最大位移为 25.09mm,相比 Stage11 工况隆起增幅约为 3%。可知由于底板对坑底的约束作用,主体基坑内部结构体系转换以及交通核开挖均对主体基坑底部隆起影响较小,几乎可以忽略不计。

交通核基坑 M2 断面在不同阶段体系转换下坑底隆起曲线如图 6-34 所示。对比分析后可知:

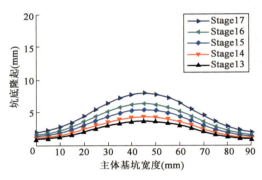

图 6-34　交通核基坑 M2 断面坑底隆起变形曲线

(1)交通核基坑的坑底隆起变形趋势与主体基坑一致,曲线呈现出"中间大,两头小"的形式,但是最大隆起部位却出现在靠近交通核围护西侧墙体附近,并没有像主体基坑出现在中心部位的隆起变形。原因可能是由于交通核基坑的尺寸不规则(典型的异形基坑),并且交通核基坑开挖过程中,由于中隔墙的拆除,主体车站整体有向交通核基坑方向的倾斜趋势,挤压交通核基坑西侧围护墙附近土体。

(2)随着交通核基坑开挖(Stage13、Stage14、Stage15、Stage16、Stage17)的进行,交通核基坑西侧坑底隆起逐渐变大,曲线依旧呈现出"中间大,两头小"的形式。在 M2 断面基坑横向中部的位置隆起量最大,在开挖至坑底时隆起值达到最大,最大位移为 8.1mm。在基坑边缘的位置隆起变形量最小,最小值为 2mm。主要原因是基坑开挖过程中围护结构对于邻近土体的强约束作用。交通核基坑的隆起最大位移为 8mm,隆起位移远远小于主体车站开挖施工后隆起位移的 24mm。进一步也表明盖挖逆作法施工对基坑的隆起变形小于明挖顺作法。

2)周边地表沉降

选取沿主体基坑短边方向(M3 断面),从以下三个工况对比分析不同阶段体系转换下周边地表沉降的变形规律:①主体基坑施作基坑底板(Stage7);②拆除主体车站第一道支撑并施工顶板(Stage11);③交通核基坑开挖至坑底,施工交通核底板并拆除中隔墙(Stage17)。

图 6-35 为 M3 断面在不同阶段体系转换下的地表沉降变形曲线。对比分析后可知:

待主体基坑开挖完成后(Stage7),基坑的沉降分布形态呈"凹槽形"且在距基坑边缘 14.8m 位置处土体的沉降最大,最大沉降值为 22.3mm,约为 0.56 倍的开挖深度且最大沉降位置不随工况的变化而改变。随着主体基坑顶板施工完成后(Stage11),M3 断面地表沉降最大位移为 25.4mm,相比 Stage7 工况地表最大沉降增幅为 14%。待交通核基坑施工完成后(Stage17),M3 断面地表沉降最大位移为 31.2mm,相比 Stage11 工况地表最大沉降增幅为 22.8%。

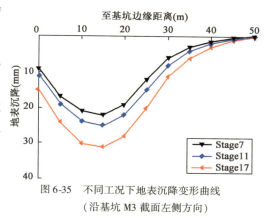

图 6-35 不同工况下地表沉降变形曲线
（沿基坑 M3 截面左侧方向）

根据以上沉降增幅分析可知:主体基坑内部结构施工和交通核基坑开挖会进一步加剧 M3 断面处的地表沉降,交通核基坑开挖对地表沉降的影响比主体基坑内部结构施工大。因此,在施工主体车站内部永久性结构以及交通核基坑开挖过程中应注意该位置处的监测,当沉降较大时应有相应的应急处置措施。

### 6.6.3 支撑轴力

轴力断面如图 6-36 所示。选取 1-1 断面进行分析,因为 1-1 断面第六列支撑轴力数据完整,能够系统地反映主体基坑内部结构体系转换过程中的轴力变化规律,具有一定的代表性。

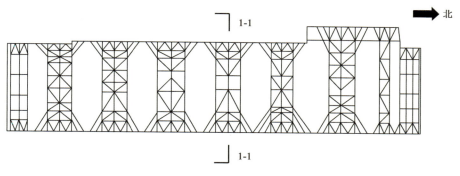

图 6-36 轴力断面图

支撑轴力不仅作为基坑开挖过程中围护结构稳定性评价的标准之一,而且在内部结构体系转换过程中也起到至关重要的作用。根据计算结果,在 Stage6、Stage7、Stage8、Stage9 和 Stage10 工况下的支撑轴力模拟结果见表 6-4 和表 6-5。各工况具体表示如下:

Stage6:主体基坑开挖至 -26.42m(坑底位置);

Stage7:施工主体车站底板;

Stage8:拆除主体车站第四道支撑,施工 ZB4 板;

Stage9:拆除主体车站第三道支撑,施工 ZB3 板;

Stage10:拆除主体车站第二道支撑,施工 ZB2 板。

**不同体系转换下 1-1 断面处支撑轴力**(拆除支撑) 表 6-4

| 轴力计算位置 | 轴力值（kN） | | | | |
|---|---|---|---|---|---|
| | Stage6 | Stage7 | Stage8（拆撑） | Stage9（拆撑） | Stage10（拆撑） |
| 第一道支撑 | 3401.3 | 3231.24 | 3554.4 | 5040.74 | 5796.85 |
| 第二道支撑 | 4230.4 | 4018.9 | 4822.68 | 6269.48 | — |
| 第三道支撑 | 5967.2 | 5668.8 | 6745.9 | — | — |
| 第四道支撑 | 2316.2 | 2200.4 | — | — | — |

**不同体系转换下 1-1 断面处支撑轴力**(施工楼板) 表 6-5

| 轴力计算位置 | 轴力值（kN） | | | | |
|---|---|---|---|---|---|
| | Stage6 | Stage7 | Stage8（施工楼板） | Stage9（施工楼板） | Stage10（施工楼板） |
| 第一道支撑 | 3401.3 | 3231.24 | 2832.4 | 2587.6 | 2145.6 |
| 第二道支撑 | 4230.4 | 4018.9 | 3527.12 | 2945.3 | — |
| 第三道支撑 | 5967.2 | 5668.8 | 4456.8 | — | — |
| 第四道支撑 | 2316.2 | 2200.4 | — | — | — |

不同结构体系转换下支撑轴力经对比分析，可以得出以下结论：

(1) 由表 6-4 和表 6-5 的 Stage6 工况可知：在基坑开挖完成后，最大支撑轴力并不是位于基坑开挖面附近的第四道支撑，而是第三道支撑的轴力最大，最大轴力为 5967.2kN。

(2) 当主体基坑施工底板后（Stage7），支撑轴力均有所减小，减小幅度约为 5%，但最大轴力位置仍旧位于第三道支撑。随着每层支撑的拆除，上层支撑轴力有所增大，且每层支撑轴力的增幅有所不同，其中轴力增幅最大的是 Stage8 工况拆除第四道撑后，第三道支撑和第二道支撑增幅约为 20%，第一道支撑增幅约为 10%。因此，拆除支撑后，上层支撑轴力增长较为明显且数值较大。所以在拆除支撑后应尽快架设楼板结构，以减小围护结构的水平位移。

(3) 随着楼板的架设施工完成，上层支撑轴力均有不同程度减小，说明下一层楼板的架设对于基坑整体稳定性起到了一定的作用，且随着楼板的架设，轴力的减少值大于拆撑后轴力的增加值。究其原因是楼板整体刚度大于支撑刚度。待第二道支撑拆除完成后施工 ZB2 板，1-1 断面处第一道支撑的轴力最小为 2145.6kN。

(4) 在基坑模拟不同体系转换过程中，无论是拆撑还是施作楼板，支撑的轴力均在安全范围内，表明支撑轴力仍有较大的利用空间，宜进一步优化设计方案。

### 6.6.4 主体基坑结构竖向位移

主体基坑明挖顺作法施工楼板布置如图 6-37 所示。沿主体基坑短边方向取 L1 截面。主体基坑内部永久性结构施工完毕后，土层以及结构应力就会保持不变，但在邻近外部环境荷载作用下，主体车站内部结构的平衡就会被打破，应力就会出现重分布现象，特别是主体车站楼板结构的变形对车站整体稳定性起着至关重要的作用。

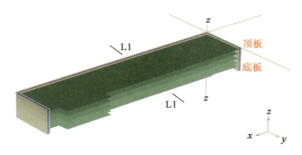

图 6-37 主体基坑明挖顺作法施工楼板布置示意图

图 6-38 为主体基坑结构顶板与底板的竖向位移曲线。可以发现，随着交通核基坑开挖深度的增加，车站顶板逐渐发生"⌒"状挠曲位移，开挖越深，顶板最大竖向位移越大，当开挖到 Stage17 工况阶段最大位移为 4.52mm；而车站底板的竖向位移形态则与顶板相反，呈现"～"状，随着基坑开挖，底板位移逐渐增大，并且存在两个极值点，开挖到 Stage17 工况阶段最大位移达到 4.96mm，位于底板的 1/7 位置处，最小位移 1.42mm 出现在底板的 6/7 位置处。

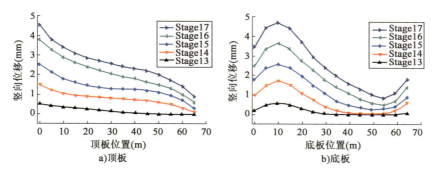

a) 顶板　　　　　　　　　　　　b) 底板

图 6-38 主体基坑结构楼板竖向位移曲线

综上可知，主体车站顶板在邻近交通核基坑土体卸载后，向一侧挤压变形，发生简支梁挠曲变形且竖向位移随着开挖而增大，存在一个极值点，顶板的竖向位移从左至右逐渐减小，近基坑侧的竖向位移要远远大于远基坑侧；而底板的竖向位移存在两个极值点，呈现"单驼峰"形态。竖向位移从左至右表现为先增大后减小再增大，在开挖最后阶段，顶板、底板的最大竖向位移均小于 5mm。

# 参考文献

[1] 陶振. 单元化应急管理:公共安全治理中条块冲突协调的新机制——以上海虹桥综合交通枢纽为例[J]. 湖湘论坛,2022,35(05):117-128.

[2] 朴莲花,张晓明,张文,等. 粤港澳大湾区视角下广州综合交通枢纽功能优化[J]. 城市交通,2022,20(04):53-62.

[3] 邓晓庆,罗沂,孙艺宸,等. 城市中心区综合交通枢纽规划策略——以深圳市西丽高铁站为例[J]. 城市交通,2022,20(03):21-27.

[4] 王岚,向曾皙,王帅. 空铁联运模式下的综合交通枢纽规划设计——以广州白云机场T3站为例[J]. 交通与港航,2021,8(06):65-73.

[5] Nash K K. Terzaghi: Founder of the Science of Soil Mechanics[J]. Nature, 1961, 191 (4785):210-221.

[6] 岳凯. 基于站城一体化的综合交通枢纽型铁路客站设计策略研究[D]. 南京:东南大学,2020.

[7] 张玉宾. 苏州火车站站前广场景观提升改造设计研究[D]. 咸阳:西北农林科技大学,2019.

[8] 赵晚璐. 我国铁路客运枢纽换乘空间设计策略研究[D]. 天津:天津大学,2018.

[9] 陈雷. 从上海南站谈建筑的结构与空间表现力[J]. 建筑技艺,2010(Z2):231-233.

[10] 陈晓帆. 城市铁路客站服务功能的历史性跨越——上海南站剖析[J]. 铁路技术创新,2009(03):28-33.

[11] 胡立成,黄承轲,吴超平. 上海南站综合交通枢纽总体设计[J]. 铁道运输与经济,2009,31(07):52-55.

[12] 张佳. 上海南站交通枢纽换乘的空间导向研究[D]. 上海:同济大学,2007.

[13] 吴敏慧. 杭州东站枢纽区域地铁施工交通组织探究[J]. 安徽建筑,2021,28(09):206-207.

[14] 吴海卫,刘丰军,程鹏,等.杭州东站枢纽交通综合治理实践[J].综合运输,2021,43(04):122-128.

[15] 毕旭伟.面向站城协同的轨道型综合交通枢纽设计研究[D].广州:华南理工大学,2021.

[16] 冯伟,何丹恒,王峰,等.大型枢纽综合交通发展策略研究——以杭州东站运行评估为例[J].交通工程,2020,20(06):8-13.

[17] 马宁,王宗佳.深圳大运交通枢纽既有高架车站改造设计策略[J].山西建筑,2022,48(23):28-30.

[18] 李秀瑜.深圳三大交通枢纽年内启用[N].深圳商报,2022-09-17(A01).

[19] 杨飞.地铁车站预留钢管柱头偏位原因及处理方式——以深圳地铁大运枢纽站工程为例[J].工程技术研究,2022,7(04):12-15.

[20] 肖靖宇,吕国林,刘烨,等.轨道枢纽的"站城一体"发展模式研究——以深圳龙岗大运枢纽为例[J].交通与运输,2020,33(S2):161-166.

[21] 谭琛,周曙光.深圳市大运轨道枢纽片区城市更新困境与策略[J].规划师,2020,36(07):87-92.

[22] 向爱兵,黄征学.枢纽经济:内涵特征、发展逻辑与演化趋势[J].理论与现代化,2022,(05):31-42.

[23] Hsieh P G, Ou C Y. Shape of ground surface settlement profiles caused by excavation[J]. Canadian geotechnical journal, 1998, 35(6): 1004-1017.

[24] 刘睿哲.轨交站域地下步行网络发展模式研究[D].大连:大连理工大学,2022.

[25] 李芷巍,薛战雷,朱和志,等.国家物流枢纽城市创新发展模式研究——以西部城市达州模式演进路径为例[J].供应链管理,2022,3(01):83-96.

[26] 祁蔚茹,杨洋.西安枢纽经济高质量发展路径研究[J].中国管理信息化,2021,24(24):179-180.

[27] 张鹏.谈新时代综合客运枢纽换乘设计理念[J].山西建筑,2021,47(12):91-93.

[28] 周明保,王占生,史培新,等.大型综合交通枢纽轨道交通设计理念与技术借鉴研究[J].苏州科技大学学报(工程技术版),2020,33(S1):36-40.

[29] 曹亮.铁路站场及枢纽设计理念与方法研究[J].科技风,2020(12):129.

[30] 靳聪毅.站城融合引导下的当代铁路客站规划设计研究[D].成都:西南交通大学,2019.

[31] 周铁征.铁路客运枢纽规划建设管理机制与设计理念[J].城市交通,2015,13(05):24-29.

[32] 吴天雯.基于寻路理论的枢纽机场轨道交通接驳空间设计研究[D].北京:北京交通大学,2021.

[33] 钱明慧.长春站南广场综合交通枢纽换乘空间建筑设计研究[D].长春:吉林建筑大学,2019.

[34] 辜峥嵘.城市轨道交通站际地下空间设计研究[D].重庆:重庆大学,2018.

[35] Bjerrum L, Eide O. Stability of strutted excavations in clay[J]. Geotechnique, 1956, 6(1): 32-47.

[36] 张佳丽.铁路交通枢纽综合体功能复合与空间形态设计研究[D].北京:北京交通大学,2013.

[37] 曹文涛,胡皓.广陵枢纽互通改扩建方案研究[J].中外公路,2022,42(05):263-268.

[38] LIU L, CAI G, LIU S, et al. Deformation characteristics and control for foundation pits in floodplain areas of Nanjing, China[J]. Bulletin of Engineering Geology and the Environment, 2021, 80(7): 5527-5538.

[39] 李晓玉.高铁枢纽站商业空间优化设计策略研究[D].大连:大连理工大学,2022.

[40] 崔乃升.基于多元协同的轨交站域共享空间设计优化研究[D].北京:北京建筑大学,2022.

[41] 郭婷.深圳地铁罗湖站综合交通枢纽工程结构设计[C]//中国土木工程学会.2013城市地下空间综合开发技术交流会论文集.上海:2013城市地下空间综合开发技术交流会,2013:81-83.

[42] 任光勇,陆晖,刘斌,等.中节能之江华座大跨转换结构设计[J].建筑结构,2022,52(19):9-15.

[43] 张素梅,李爱东,王玉银,等.深圳岗厦北地下综合交通枢纽站桥合建大跨度组合结构复杂节点受力性能研究[J].建筑结构学报,2023(02):1-15.

[44] 齐涛.中央社会主义学院文体中心大跨转换结构设计[C]//中国土木工程学会.第五届全国建筑结构技术交流会暨首届全国青年结构工程师论坛论文集.杭州:第五届全国建筑结构技术交流会暨首届全国青年结构工程师论坛,2015:658-661.

[45] 孙正华,王强,况渊.马岭水利枢纽工程地下厂房岩溶防渗处理[J].西北水电,2022(03):66-69.

[46] 武兴亮,刘子金,张磊.黔中水利枢纽左岸岩溶管道处理时机选择[J].陕西水利,2017(03):19-21.

[47] Khoiri M, Ou C Y. Evaluation of deformation parameter for deep excavation in sand through case histories[J]. Computers and Geotechnics, 2013, 47: 57-67.

[48] 张世文.连江航运枢纽工程水工闸坝岩溶地基的危害与处理[J].广东水利水电,2010(01):50-53.

[49] 田戈锐.客运枢纽站风险分析与保险研究[D].沈阳:沈阳航空航天大学,2019.

[50] 赖致轩,李昭.基于层次分析-模糊综合评价法的水利枢纽灌区工程防汛风险评估[J].农业工程,2018,8(01):71-77.

[51] 梅瑞泰.深圳北站枢纽项目施工阶段工程质量风险管理研究[D].天津:天津大学,2015.

[52] 王远,樊飞,常锁,等.综合交通枢纽基坑地下连续墙钢筋笼吊装施工技术[J].建筑技术,2022,53(09):1221-1223.

[53] 李慧莹,贺婷,张伟庭.综合交通枢纽大柱网巨型劲性钢与混凝土组合结构施工技术[J].广东土木与建筑,2022,29(03):86-89.

[54] LIU B,LIU Q N,ZHAO Y Y,et al. The Study of Deformation Law of a Super Deep Foundation Pit in the Process of Dismantling the Inner Support[C]//Applied Mechanics and Materials. Stafa-Zurich:Trans Tech Publications Ltd,2014,638:614-619.

[55] 王英森.高速公路枢纽互通钢箱梁临时支架设计及研究[J].铁道建筑技术,2019(01):45-49.

[56] 向尚君.西藏旁多水利枢纽泄洪设施闸门吊装[J].西藏科技,2018(03):76-78.

[57] 卜秋华.紧贴多条运营地铁线的先拆后建深基坑变形控制[J].建筑施工,2012,34(04):284-285.

[58] 谢赣南,吕闯,费建波.超深基坑开挖卸载条件下坑内桩基受力特性数值分析——以深圳市龙岗区大运枢纽车站项目为例[J].工程技术研究,2022,7(03):1-4.

[59] 翟苇航.深基坑施工对紧邻地铁车站的影响研究及风险分析[D].武汉:华中科技大学,2019.

[60] 冯昊.山地城市某交通枢纽站路基边坡开挖稳定性与支护结构设计优化研究[D].重庆:重庆大学,2018.

[61] 鲁四平.软土深基坑开挖下铁路桥梁力学性能及安全监测研究[D].长沙:中南大学,2013.

[62] WANG D,WANG L. Impact Analysis of Support Structure of Unsymmetrical Loading Deep Foundation Pit Adjoining Highway[J]. The Open Civil Engineering Journal,2015,9(1):1874-1895.

[63] 张猛,林华虎,苏杨.蒙城枢纽工程砂性深基坑安全监测控制要点[J].治淮,2021(11):48-50.

[64] 陈少秋. 某交通枢纽综合体深基坑支护设计与监测分析[D]. 淮南:安徽理工大学,2019.

[65] 靳晨辉. 深圳地区地铁枢纽工程施工对周围环境影响研究[D]. 北京:北京交通大学,2016.

[66] 刘继强. 海积淤泥地层地铁枢纽多基坑近接施工稳定性控制研究[D]. 北京:北京交通大学,2016.

[67] YU X, JIA B. Analysis of excavating foundation pit to nearby bridge foundation[J]. Procedia Earth and Planetary Science,2012,5:102-106.

[68] 沈西华. 大型铁路客站基坑围护技术研究[D]. 杭州:浙江大学,2011.

[69] ZHU D, QIN L, LIN Y, et al. Analytical Study on Dynamic Response of Deep Foundation Pit Support Structure under the Action of Subway Train Vibration Load: A Case Study of Deep Foundation Pit of the New Museum Near Metro Line 2 in Chengdu, China[J]. Shock and Vibration,2015(5):1-10.

[70] 徐硕. 近距离侧穿高铁桥梁桩基盾构施工及运营影响规律研究[D]. 石家庄:石家庄铁道大学,2021.

[71] 肖东. 邻近(连接)桥梁桩基础与高铁路基耦合变形研究[D]. 成都:西南交通大学,2019.

[72] 乔宏. 地震作用下车桥系统动力响应分析的若干关键问题研究[D]. 北京:北京交通大学,2018.

[73] 王宁波. 列车-轨道-桥梁时变系统竖向振动分析[D]. 长沙:中南大学,2009.

[74] 孙广超,李建林,孔纲强,等. 长期列车荷载下无砟轨道X形桩-筏复合地基动力响应模型试验[J]. 岩土工程学报,2022,44(05):961-969.

[75] 朱志远. 公铁两用斜拉桥病害及拉索疲劳性能分析方法研究[D]. 南京:东南大学,2021.

[76] 牛婷婷,刘汉龙,丁选明,等. 高铁列车荷载作用下桩网复合地基振动特性模型试验[J]. 岩土力学,2018,39(03):872-880.

[77] 肖鑫,刘晓光,赵欣欣,等. 基于实测数据的铁路钢桥列车荷载模型研究[J]. 桥梁建设,2017,47(06):60-65.

[78] 姜领发,熊署丹,陈善雄,等. 列车荷载作用下高铁路基速度传递规律模型试验研究[J]. 岩土力学,2015,36(S1):265-269.

[79] 胡科,崔泽恒,邓涛,等. 武汉软土深基坑被动区加固参数优化分析[J]. 安全与环境工程,2022,29(06):42-53.

[80] 叶柯志. 邻近公路的深基坑钢板桩围护结构变形响应分析[J]. 土工基础,2022,36(04):547-550.

[81] 张恩祥,胡涌琼,何腊平,等. 深基坑疏桩强锚支护结构参数敏感性分析[J]. 科学技术与工程,2022,22(18):7998-8004.

[82] 雷裕霜. 上跨地铁基坑开挖对区间隧道变形的影响与控制研究[D]. 泉州:华侨大学,2017.

[83] LIU J, SHI C, CAO C, et al. Improved analytical method for pile response due to foundation pit excavation[J]. Computers and Geotechnics, 2020, 123: 103609.1-103609.11.

[84] GOH A T C, WONG K S, TEH C I, et al. Pile response adjacent to braced excavation[J]. Journal of Geotechnical and Geoenvironmental Engineering, 2003, 129(4): 383-386.

[85] SOOMRO M A, KUMAR M, XIONG H, et al. Investigation of effects of different construction sequences on settlement and load transfer mechanism of single pile due to twin stacked tunnelling[J]. Tunnelling and Underground Space Technology, 2020, 96: 103171.1-103171.21.

[86] 木林隆,黄茂松. 基于小应变特性的基坑开挖对邻近桩基影响分析方法[J]. 岩土工程学报,2014,36(S2):304-310.

[87] 朱晓宇,黄茂松,张陈蓉. 基坑开挖对邻近桩基础影响分析的DCFEM法[J]. 岩土工程学报,2010,32(S1):181-185.

[88] 郑刚,颜志雄,雷华阳,等. 基坑开挖对临近桩基影响的实测及有限元数值模拟分析[J]. 岩土工程学报,2007(05):638-643.

[89] 王浩然,王卫东,徐中华. 基坑开挖对邻近建筑物影响的三维有限元分析[J]. 地下空间与工程学报,2009,5(S2):1512-1517.

[90] 徐长节,陈金友,郭鲁军,等. 交通动荷载对基坑围护结构的影响分析[J]. 岩土工程学报,2013,35(S2):884-887.

[91] 张爱军,莫海鸿,李爱国,等. 基坑开挖对邻近桩基影响的两阶段分析方法[J]. 岩石力学与工程学报,2013,32(S1):2746-2750.

[92] 周湘,张子新. 高架桥下深基坑工程最优开挖次序研究[J]. 地下空间与工程学报,2013,9(S1):1664-1670.

[93] 王恒,陈福全,林海. 基坑开挖对邻近桥梁桩基的影响与加固分析[J]. 地下空间与工程学报,2015,11(05):1257-1265.

[94] HE F D, GUO G J, ZANG Y N. Deformation Pattern of Foundation Pit Excavation beside Silt Soil Railway Subgrade[C]//Advanced Materials Research. Stafa-Zurich: Trans Tech Publications Ltd, 2012, 594: 284-289.

[95] KUNG G T, JUANG C H, HSIAO E C, et al. Simplified model for wall deflection and ground-surface settlement caused by braced excavation in clays[J]. Journal of Geotechnical and Geoenvironmental Engineering, 2007, 133(6): 731-747.

[96] ZHANG R, ZHENG J, PU H, et al. Analysis of excavation-induced responses of loaded pile foundations considering unloading effect[J]. Tunnelling and Underground Space Technology, 2011, 26(2): 320-335.

[97] LIU B, YU Z, YAO B, et al. Responses of the ground and adjacent pile to excavation of Ushaped tunnel[J]. Computers and Geotechnics, 2021, 130: 103919.1-103919.20.

[98] MATT S, GORDON T K, CH J, et al. Simplified Model for Evaluating Damage Potential of Buildings Adjacent to a Braced Excavation[J]. Journal of Geotechnical and Geoenvironmental Engineering, 2009, 135(12): 1823-1835.

[99] LEUNG C F, LIM J K, SHEN R F, et al. Behavior of pile groups subject to excavation-induced soil movement[J]. Journal of Geotechnical and Geoenvironmental Engineering, 2003, 129(1): 58-65.

[100] 邱洪志, 孔纪名, 王仁超, 等. 车辆荷载对支护桩主动土压力的影响分析[J]. 岩土工程学报, 2016, 38(03): 486-493.

[101] 徐长节, 陈金友, 郭鲁军, 等. 交通动荷载对基坑围护结构的影响分析[J]. 岩土工程学报, 2013, 35(S2): 884-887.

[102] 李梅芳, 肖军华, 宫全美, 等. 邻近既有线深基坑开挖过程中的动力响应分析[J]. 华东交通大学学报, 2011, 28(05): 93-97.

[103] 谢秀栋, 刘国彬, 李志高, 等. 邻近运营地铁车站基坑开挖土层位移特性分析[J]. 地下空间与工程学报, 2007(04): 742-744.

[104] 张向东, 张晨光, 刘家顺. 交通荷载作用下深基坑支护结构稳定性分析[J]. 中国地质灾害与防治学报, 2011, 22(02): 125-129.

[105] 刘素锦, 郭明伟, 李兆源, 等. 浅析车辆荷载对深基坑支护结构的影响[J]. 地下空间与工程学报, 2009, 5(01): 105-107.

[106] 张国亮. 紧邻既有线地铁车站深基坑工程稳定与变形特性研究[D]. 长沙: 中南大学, 2012.

[107] 乐金朝, 邱洪志, 张利军. 交通荷载作用下桩锚支护结构动力响应分析[J]. 地下空间与工程学报, 2013, 9(06): 1320-1325.

[108] 林驰, 罗元方, 汪淑平, 等. 移动荷载下基坑支护结构响应与监测分析[J]. 武汉理工大学学报, 2007(11): 112-114.

[109] 朱海涛,舒魏碧章. 列车交叠动荷载对邻近基坑结构动力响应分析[J]. 石家庄铁道大学学报:自然科学版,2020,33(1):37-43.

[110] QIU H Z, KONG J M, ZHANG Y. Analysis on Dynamic Response of the Foundation Pit Supporting Structure under Vehicle Loads[C]//Advanced Materials Research. Stafa-Zurich:Trans Tech Publications Ltd,2013,790:638-642.

[111] ZOU B, WANG J, TIAN Q, et al. Numerical analysis of the soil deformation caused by tunneling under vehicle loads in the coastal reclamation area[J]. Mathematical Problems in Engineering,2015,4:937245.1-937245.11.

[112] 郑刚,潘军,程雪松,等. 基坑开挖引起隧道水平变形的被动与注浆主动控制研究[J]. 岩土工程学报,2019,41(07):1181-1190.

[113] GOH A T C. Deterministic and reliability assessment of basal heave stability for braced excavations with jet grout base slab[J]. Engineering Geology,2017,218:63-69.

[114] 史学聪,范存新,郭兵,等. 主动区土体加固对深厚淤泥质土地铁深基坑变形的影响[J]. 苏州科技大学学报(工程技术版),2022,35(01):54-60.

[115] 张文超,薛炜,于方. 主动区土体加固对深基坑的影响[J]. 地下空间与工程学报,2015,11(S1):205-210.

[116] 吴超瑜,陈文霞,潘健. 不同土体加固方式对船闸基坑支护结构性状的影响分析[J]. 广东水利水电,2021(01):68-74.

[117] 蒋建平. 被动区土体加固范围对整个深基坑的影响[J]. 建筑科学与工程学报,2012,29(04):96-105.

[118] 侯新宇,刘松玉,童立元. 主、被动土压区加固对地铁深基坑变形影响的数值分析[J]. 铁道标准设计,2012(07):94-97.

[119] 陈枝东,张领帅. 基坑双排桩失稳加固最优方案分析[J]. 施工技术,2018,47(22):69-74.

[120] 郑俊杰,章荣军,丁烈云,等. 基坑被动区加固的位移控制效果及参数分析[J]. 岩石力学与工程学报,2010,29(05):1042-1051.

[121] 胡文红,郑刚. 浅层土体加固对倾斜桩竖向承载力影响研究[J]. 岩土工程学报,2013,35(04):697-706.

[122] OU C Y, TENG F C, WANG I W. Analysis and design of partial ground improvement in deep excavations[J]. Computers and Geotechnics,2008,35(4):576-584.

[123] 韩映忠,林树周,张占峰,等. 深厚软土条件下被动区加固在深基坑工程的应用与数值分析[J]. 广州建筑,2015,43(06):36-40.

[124] SHAO G. Application of Grouting Reinforcement of Deep Foundation Pit Damaged by Heavy Rain[C]//6th International Conference on Electronic,Mechanical,Information and Management Society. Paris:Atlantis Press,2016:1350-1354.

[125] WU K,SHAO Z. Effects of pipe roof support and grouting pre-reinforcement on the track settlement[J]. Advances in Civil Engineering,2018,12:6041305.1-6041305.9.

[126] WANG J H,CHEN J J,LI M G. Concept and characters of deep excavation groups in urban underground space development[J]. Japanese Geotechnical Society Special Publication,2016,2(44):1559-1562.

[127] ZHENG G,PAN J,CHENG X,et al. Use of grouting to control horizontal tunnel deformation induced by adjacent excavation[J]. Journal of Geotechnical and Geoenvironmental Engineering,2020,146(7):502-517.

[128] 陈小雨,袁静,胡敏云,等. 相邻深大基坑安全距离理论分析与数值模拟[J]. 地下空间与工程学报,2019,15(05):1557-1564.

[129] 宗露丹,徐中华,翁其平,等. 小应变本构模型在超深大基坑分析中的应用[J]. 地下空间与工程学报,2019(S01):231-242.

[130] 黄开勇. 软土地区相邻深大基坑同步施工设计实践[J]. 地下空间与工程学报,2019,15(S2):743-750.

[131] 丁智,王金艳,周勇,等. 邻近基坑同步施工相互影响实测分析[J]. 土木工程学报,2015,48(S2):124-130.

[132] 丁智,王达,虞兴福,等. 杭州地铁新塘路、景芳路交叉口工程深基坑监测分析[J]. 岩土工程学报,2013,35(S2):445-451.

[133] 万波. 相邻基坑不同施工方案的有限元分析[C]//中国土木工程学会. 第五届中国国际隧道工程研讨会论文集. 上海:第五届中国国际隧道工程研讨会,2011:870-875.

[134] 伍尚勇,杨小平,刘庭金. 双侧深基坑施工对紧邻地铁隧道变形影响的分析[J]. 岩石力学与工程学报,2012,31(S1):3452-3458.

[135] 沈健. 超大规模基坑工程群开挖相互影响的分析与对策[J]. 岩土工程学报,2012,34(S1):272-276.

[136] LI M G,CHEN J J,WANG J H. Arching effect on lateral pressure of confined granular material:numerical and theoretical analysis[J]. Granular Matter,2017,19(2):1-11.

[137] ZENG F Y,ZHANG Z J,WANG J H,et al. Observed performance of two adjacent and concurrently excavated deep foundation pits in soft clay[J]. Journal of Performance of Constructed Facilities,2018,32(4):401-414.